Todos somos irmãos

Reflexões autobiográficas

GANDHI

Todos somos irmãos

Reflexões autobiográficas

Tradução de Bruno Alexander

Texto de acordo com a nova ortografia.
Título original: *All Men Are Brothers*

Tradução: Bruno Alexander
Capa: Ivan Pinheiro Machado
Preparação: Mariana Donner da Costa
Revisão: Lia Cremonese

CIP-Brasil. Catalogação na publicação
Sindicato Nacional dos Editores de Livros, RJ.

G186t
Gandhi, Mahatma, 1869-1948
    Todos somos irmãos: reflexões autobiográficas / Mahatma Gandhi; tradução Bruno Alexander. – 1. ed. – Porto Alegre [RS]: L&PM, 2021.
    256 p. ; 21 cm.

Tradução de: *All Men Are Brothers*
ISBN 978-65-5666-040-0

    1. Gandhi, Mahatma, 1869-1948. 2. Estadistas - Índia - Biografia. I. Alexander, Bruno. II. Título.

20-64110   CDD: 923.2
                     CDU: 929Gandhi, Mahatma

Meri Gleice Rodrigues de Souza - Bibliotecária CRB-7/6439

© da tradução, L&PM Editores, 2019

Todos os direitos desta edição reservados a L&PM Editores
Rua Comendador Coruja, 314, loja 9 – Floresta – 90.220-180
Porto Alegre – RS – Brasil / Fone: 51.3225.5777

PEDIDOS & DEPTO. COMERCIAL: vendas@lpm.com.br
FALE CONOSCO: info@lpm.com.br
www.lpm.com.br

Impresso no Brasil
Inverno de 2021

Sumário

Apresentação 7

Capítulo 1 – Autobiográfico 11
Capítulo 2 – Religião e verdade 79
Capítulo 3 – Meios e fins 113
Capítulo 4 – *Ahimsa* ou o caminho da não violência 117
Capítulo 5 – Autodisciplina 147
Capítulo 6 – Paz internacional 159
Capítulo 7 – Homem e máquina 167
Capítulo 8 – Pobreza em meio à abundância 173
Capítulo 9 – A democracia e o povo 185
Capítulo 10 – Educação 201
Capítulo 11 – Mulheres 213
Capítulo 12 – Miscelânea 223

Glossário 240
Fontes 242
Breve cronologia dos acontecimentos na vida de Gandhi 244

Apresentação

S. Radhakrishnan*

Um grande mestre só aparece de tempos em tempos. Vários séculos podem se passar sem que surja nenhum. O que o torna conhecido é sua vida. Ele primeiro vive e depois diz aos outros como eles podem viver da mesma forma. Gandhi foi um mestre assim. Esta seleção de seus discursos e escritos, compilados com grande cuidado e critério por Shri Krishna Kripalani, dará ao leitor uma ideia do funcionamento da mente de Gandhi, do desenvolvimento de seus pensamentos e das técnicas práticas que ele adotou.

A vida de Gandhi enraizou-se na tradição religiosa da Índia com ênfase numa busca apaixonada pela verdade, uma profunda reverência pela vida, o ideal do desapego e a disposição de sacrificar tudo pelo conhecimento de Deus. Ele viveu a vida inteira na perpétua busca da verdade: "Vivo, movimento-me e direciono meu ser para a busca desse objetivo".

Uma vida sem raízes, que carece de profundidade em termos de formação, é uma vida superficial. Alguns pensam que, quando vemos o que é certo, fazemos o certo. Mas não é bem assim. Mesmo quando sabemos o que é certo, não necessariamente escolheremos e faremos o certo. Somos dominados por impulsos poderosos, cometemos erros e traímos a luz em nós. "Em nosso estado atual, de acordo com a doutrina hindu, somos apenas parcialmente humanos. Nossa parte inferior ainda é animal. Somente a conquista de nossos instintos inferiores pelo amor pode matar o animal em nós." É por meio de um processo de tentativa e erro, autoconhecimento e disciplina austera que o ser humano se move, degrau por degrau, no doloroso caminho da realização.

---

* Vice-presidente da Índia e, posteriormente, presidente.

A religião de Gandhi era racional e ética. Ele não aceitava nenhuma crença que não fizesse sentido e nenhuma proibição que sua consciência não aprovasse.

Se acreditarmos em Deus, não somente com o nosso intelecto, mas com todo o nosso ser, amaremos toda a humanidade sem distinção de raça ou classe, nação ou religião. Trabalharemos pela unidade da humanidade. "Todas as minhas ações têm origem no meu amor inalienável pela humanidade." "Não faço distinção entre parentes e estranhos, compatriotas e estrangeiros, brancos e indivíduos de cor, hindus e indianos de outras religiões, sejam muçulmanos, parses, cristãos ou judeus. Posso dizer que meu coração há muito tempo tem sido incapaz de fazer essas distinções." "Por meio de um longo processo de disciplina de orações, há mais de quarenta anos não odeio ninguém." Todos somos irmãos e nenhum ser humano deve ser estranho para outro. O bem-estar de todos, *sarvodaya*, deve ser nosso objetivo. Deus é o elo comum que une todos os seres humanos. Quebrar esse elo, mesmo com nosso maior inimigo, é rasgar Deus em pedaços. Existe humanidade até no indivíduo mais perverso.*

Essa visão leva naturalmente à adoção da não violência como o melhor meio para resolver todos os problemas, nacionais e internacionais. Gandhi afirmou que ele não era um visionário, mas um idealista prático. A não violência não é só para santos e sábios, mas para as pessoas comuns. "A não violência é a lei da nossa espécie, pois a violência é a lei da brutalidade. O espírito do homem bruto está adormecido, e ele desconhece qualquer lei que não seja a da força física. A dignidade do homem requer obediência a uma lei superior, à força do espírito."

Gandhi foi o primeiro na história da humanidade a estender o princípio da não violência do indivíduo para o plano social e político. Ele entrou na política com o objetivo de testar a não violência e comprovar sua validade. "Alguns amigos me disseram que a verdade e a não violência não têm lugar na política e nos assuntos de

---

* Ver *Mahā–bhārata: asādhuś caiva puruso labhate sīlam ekadā*, xii.259 11.

interesse mundial. Não concordo. Elas não têm nenhuma utilidade como meio de salvação pessoal. Sua introdução e aplicação na vida cotidiana têm sido minha experiência permanente." "Para mim, a política desprovida de religião é uma imundície absoluta, que deve ser combatida. A política diz respeito às nações, e aquilo que diz respeito ao bem-estar das nações deve ser uma das preocupações do homem religioso, ou seja, aquele que está em busca de Deus e da Verdade. Para mim, Deus e Verdade são termos intercambiáveis, e, se alguém me dissesse que Deus significa inverdade ou tortura, eu me recusaria a adorá-Lo. Portanto, também na política temos que estabelecer o Reino dos Céus."

Na luta pela independência da Índia, ele insistiu que adotássemos métodos civilizados de não violência e sofrimento. Sua resistência pela liberdade da Índia não se baseava em nenhum ódio pela Grã-Bretanha. Devemos odiar o pecado, mas não o pecador. "Para mim, patriotismo é sinônimo de humanidade. Sou patriota porque sou humano e humanitário. Não prejudicarei a Inglaterra ou a Alemanha para servir à Índia." Ele acreditava que prestava um serviço aos britânicos ajudando-os a fazer a coisa certa pela Índia. O resultado foi não somente a libertação do povo indiano, mas o aumento dos recursos morais da humanidade.

No atual contexto nuclear, se quisermos salvar o mundo, devemos adotar os princípios da não violência. Gandhi disse: "Fiquei paralisado quando soube que uma bomba atômica havia destruído Hiroshima e disse a mim mesmo: 'A menos que o mundo adote agora a não violência, isso significará um suicídio para a humanidade'". Em futuros conflitos, não podemos ter certeza de que nenhum dos lados usará armas nucleares. Temos o poder de destruir, num piscar de olhos, tudo o que construímos cuidadosamente ao longo dos séculos, com empenho e sacrifício. Em disputas publicitárias, condicionamos a mente dos homens à guerra nuclear. Comentários provocativos são feitos livremente. Agredimos até com palavras. Julgamentos severos, má vontade e raiva são formas insidiosas de violência.

Na complexa situação atual, em que não somos capazes de nos ajustar às novas condições criadas pela ciência, não é fácil adotar os princípios da não violência, da verdade e da compreensão. Mesmo assim, não devemos desistir do esforço. Enquanto a obstinação dos líderes políticos instila medo em nossos corações, o bom senso e a consciência dos povos do mundo nos dão esperança.

Com o aumento da velocidade das mudanças modernas, não sabemos o que o mundo será daqui a cem anos. Não podemos prever as futuras correntes de pensamento e sentimento. Mas os anos podem passar e, no entanto, os grandes princípios de *satya* e *ahimsa*, verdade e não violência, estarão lá para nos guiar, como estrelas silenciosas que guardam santa vigília sobre um mundo cansado e turbulento. Como Gandhi, podemos ser firmes em nossa convicção de que o sol brilha acima das nuvens passageiras.

Vivemos numa era que tem consciência de sua própria derrota e vileza moral, uma era em que velhas certezas estão se desfazendo, e os padrões familiares, se desmanchando. Há uma crescente intolerância e amargura. A chama criativa que iluminou a grande sociedade humana está enfraquecendo. A mente humana, em toda a sua desconcertante estranheza e variedade, produz tipos contrários, um Buda ou um Gandhi, um Nero ou um Hitler. É um orgulho poder dizer que uma das maiores figuras da história viveu em nossa geração, caminhou e conversou conosco, ensinando-nos o caminho da vida civilizada. Aquele que não faz mal a ninguém não teme ninguém. Não tem nada a esconder e por isso é destemido. Olha todo mundo nos olhos. Seu passo é firme, seu corpo, ereto, e suas palavras, objetivas e diretas. Platão disse há muito tempo: "No mundo, sempre há alguns homens inspirados com os quais o contato tem um valor inestimável".

Nova Delhi
15 de agosto de 1958

Capítulo 1
Autobiográfico

Não tenho a intenção de escrever uma autobiografia. Quero simplesmente contar a história de minhas inúmeras experiências com a verdade, e como minha vida não consiste em nada além dessas experiências, é fato que a história tomará a forma de uma autobiografia. Mas não me importarei se cada página falar somente de minhas experiências. (AMG, p. 4)

Minhas experiências no âmbito político agora são conhecidas, não só na Índia, mas, em certa medida, no mundo "civilizado". Para mim, elas não têm muito valor; e o título de "Mahatma" que me deram, portanto, tem menos valor ainda. Muitas vezes essa denominação me afligiu profundamente, e não me lembro de um momento sequer em que ela tenha me agradado. Mas desejo narrar minhas experiências no âmbito espiritual, que são conhecidas só por mim e a partir das quais obtive o poder para trabalhar no âmbito político. Se as experiências são realmente espirituais, não pode haver espaço para autoglorificação. Elas só aumentarão minha humildade. Quanto mais reflito e olho para o passado, mais vejo minhas limitações. (AMG, p. 4)

O que eu quero alcançar, o que eu tenho lutado para alcançar nesses trinta anos, é a autorrealização, ver Deus frente a frente, atingir o *moksha*. Vivo, movimento-me e direciono meu ser para a busca desse objetivo. Tudo o que faço, falando e escrevendo, e todos os meus empreendimentos no âmbito político estão voltados para esse mesmo fim. Mas, como sempre acreditei que o que é possível para um é possível para todos, minhas experiências não foram conduzidas em reclusão, mas a céu aberto, e não creio que esse fato diminua seu valor espiritual. Algumas coisas são conhecidas somente por nós mesmos e por nosso Criador – elas são, portanto, incomunicáveis. As experiências que estou prestes a relatar não são essas. Mas elas são espirituais, aliás, são morais; pois a essência da religião é a moralidade. (AMG, p. 4-5)

Longe de mim atribuir algum grau de perfeição a essas experiências. Vejo-as com os olhos de um cientista, que, embora conduza seus experimentos com a maior exatidão, cuidado e minúcia, jamais se prende a suas conclusões, mantendo a mente aberta em relação a eles. Passei por uma profunda introspecção. Revisei, examinei e analisei todos os cenários psicológicos. Ainda assim, estou longe de sustentar qualquer irrevocabilidade ou infalibilidade de minhas conclusões. Se há algo que posso afirmar é que, para mim, elas parecem absolutamente corretas e, até este momento, definitivas. Caso contrário, eu não basearia nenhuma ação nelas. Mas, a cada passo, realizei o processo de aceitação ou rejeição e agi de acordo. (AMG, p. 5)

Minha vida é um todo indivisível. Todas as minhas atividades se entremeiam, e todas têm origem no meu amor insaciável pela humanidade.

Harijan, 2 de março de 1934 (SB, p. 45)

Os Gandhi pertencem à casta dos *bania*, formada, originalmente, por comerciantes. Mas por três gerações, desde meu avô, eles foram primeiros-ministros em vários estados de Kathiawar. [...] Meu avô deve ter sido um homem de princípios. Intrigas do Estado obrigaram-no a deixar Porbandar, onde ele era *Diwan*, e a buscar refúgio em Junagadh. Lá ele saudou o *Nawab* com a mão esquerda. Alguém, notando a aparente descortesia, pediu uma explicação, que foi dada assim: "A mão direita já está comprometida com Porbandar". (AMG, p. 11)

Capítulo 1 – Autobiográfico

Meu pai era um amante de seu clã, sincero, valente e generoso, mas irritadiço. Até certo ponto, era dado aos prazeres carnais. Ele se casou pela quarta vez quando tinha pouco mais de quarenta anos. Mas ele era incorruptível e ganhou nome pela estrita imparcialidade tanto em família quanto fora dela. (AMG, p. 12)

A impressão marcante que minha mãe deixou em minha memória é a da santidade. Ela era profundamente religiosa. Jamais fazia as refeições sem suas preces diárias. [...] Fazia os votos mais duros, mantendo-os sem vacilar. A doença nunca foi pretexto para abrandar o cumprimento deles. (AMG, p. 12-13)

Desses pais nasci em Porbandar. [...] Passei minha infância em Porbandar. Lembro-me de ter sido colocado na escola. Foi com alguma dificuldade que aprendi a tabuada. O fato de não me lembrar de mais nada além de ter aprendido, na companhia de outros meninos, a chamar nosso professor de todo tipo de nome é um forte indício de que meu intelecto era lento e minha memória, precária. (AMG, p. 14)

Eu era muito tímido e evitava qualquer companhia. Meus únicos companheiros eram os livros e minhas lições. Estar na escola na hora certa e voltar correndo para casa assim que a escola fechava: esse era meu hábito diário. Eu voltava literalmente correndo, porque não suportava falar com ninguém. Tinha medo de que alguém caçoasse de mim. (AMG, p. 15)

No meu primeiro ano da escola secundária, num dia de prova, ocorreu um incidente que vale a pena registrar. O sr. Giles, supervisor educacional, veio nos fazer uma visita e nos deu cinco palavras para escrever, como exercício de ortografia. Uma das palavras era "chaleira". Eu tinha escrito errado. O professor tentou me avisar com o bico de sua bota, mas não me dei conta. Jamais perceberia que ele queria que eu copiasse a grafia da lousa do meu vizinho, pois achava que o professor estava ali justamente para evitar que copiássemos. O resultado foi que todos os meninos escreveram tudo certo, menos eu. Eu fui o único burro. Mais tarde, o professor tentou me convencer de minha burrice, mas foi em vão. Nunca fui capaz de aprender a arte de "copiar". (AMG, p. 15-16)

É meu doloroso dever registrar aqui meu casamento aos treze anos. Quando vejo jovens dessa idade, sob meus cuidados, e penso em meu próprio casamento, acabo sentindo pena de mim mesmo e os felicito por terem escapado de meu destino. Não vejo nenhum argumento moral que respalde um casamento tão absurdamente prematuro. (AMG, p. 18)

Não acho que isso [o casamento] significasse para mim muito mais do que a perspectiva de boas roupas, sons de tambor, procissões nupciais, jantares fartos e uma menina estranha para brincar. O desejo carnal veio depois. (AMG, p. 19)

E aquela primeira noite! Duas crianças inocentes lançando-se inconscientemente no oceano da vida! A esposa do meu irmão havia me orientado sobre como me comportar na primeira noite. Não sei quem orientou minha esposa. Nunca perguntei a ela sobre isso, tampouco perguntarei agora. O leitor pode ter certeza de que estávamos nervosos demais para encarar um ao outro. Evidentemente, estávamos muito acanhados. Como eu falaria com ela, e o que deveria dizer? A orientação prévia não me ajudou muito; mas ninguém precisa de muita orientação nesses momentos. [...] Aos poucos, começamos a nos conhecer e a conversar à vontade. Tínhamos a mesma idade. Mas não demorei para assumir a autoridade de marido. (AMG, p. 21)

Devo dizer que gostava muito dela. Mesmo na escola, eu pensava nela, e vivia querendo que anoitecesse logo para nos encontrarmos.

Capítulo 1 – Autobiográfico

A separação era insuportável. Eu costumava mantê-la acordada até tarde da noite, jogando conversa fora. Se, com essa paixão devoradora, não houvesse em mim um ardente apego ao meu dever, eu teria sucumbido à doença e à morte prematura ou teria afundado numa existência fatigante. Mas as tarefas designadas tinham de ser realizadas todas as manhãs, e mentir para quem quer que fosse estava fora de questão. Foi esse último ponto que me salvou de muitas armadilhas. (AMG, p. 23-24)

Eu não tinha grande consideração pelas minhas capacidades. Chegava a me surpreender quando ganhava prêmios e bolsas de estudo. Mas preservava meu caráter com muito zelo. Uma falha mínima era capaz de me arrancar lágrimas dos olhos. Quando eu merecia uma repreensão, ou o professor assim o julgava, era insuportável para mim. Lembro-me de ter sido castigado fisicamente uma vez. Não me importei tanto com o castigo em si, mas o fato de ter merecido um castigo me fez chorar copiosamente. (AMG, p. 26-27)

Entre meus poucos amigos na escola, tive, em diferentes momentos, dois que poderiam ser chamados de íntimos. Uma dessas amizades [...] considero uma tragédia em minha vida. Ela durou muito tempo. E a estabeleci com o espírito de um reformador. (AMG, p. 31)

Depois, percebi que havia calculado errado. Um reformador não pode se dar ao luxo de ter tanta intimidade com quem ele quer reformar. A verdadeira amizade é uma identidade de almas raramente encontrada neste mundo. Somente entre naturezas semelhantes a amizade pode ser digna e duradoura. Amigos reagem um ao outro. Por isso, na amizade, há muito pouco espaço para reforma. Sou da opinião de que toda intimidade exclusiva deve ser evitada, pois o homem adota o vício com muito mais presteza do que a virtude. E aquele que quer ser amigo de Deus deve permanecer sozinho ou fazer amizade com o mundo todo. Posso estar errado, mas meu esforço para cultivar uma amizade próxima foi um fracasso. (AMG, p. 31-32)

As façanhas desse amigo me enfeitiçavam. Ele conseguia correr grandes trechos com uma velocidade extraordinária. Praticava saltos à distância. Era capaz de aguentar qualquer castigo físico. Costumava exibir suas proezas para mim, e, como todo mundo que se deslumbra quando vê no outro as qualidades que lhe faltam, eu ficava deslumbrado com as proezas desse amigo. A isso se seguiu um forte desejo de ser como ele. Eu mal conseguia pular ou correr. Por que não podia ser forte como ele? (AMG, p. 32-33)

Eu era um covarde. Vivia com medo de ladrões, fantasmas e serpentes. Não me atrevia a sair de casa à noite. A escuridão era um terror para mim. Era-me quase impossível dormir no escuro. Ficava imaginando fantasmas vindo de um lado, ladrões de outro, e serpentes de outro. Ou seja, não conseguia dormir sem alguma luz no quarto. (AMG, p. 33)

Meu amigo, que sabia de todas essas minhas fraquezas, dizia-me que era capaz de segurar na mão serpentes vivas, enfrentar qualquer ladrão e que não acreditava em fantasmas. E tudo isso, claro, porque comia carne. (AMG, p. 33)

Como esperado, tudo isso teve um efeito sobre mim. [...] Comecei a acreditar que comer carne era bom, que eu ficaria forte e corajoso comendo carne e que, se o país inteiro começasse a comer carne, os ingleses poderiam ser derrotados. (AMG, p. 33)

Sempre que eu tinha a oportunidade de participar desses banquetes secretos, jantar em casa estava fora de questão. Minha mãe naturalmente me chamava para jantar, perguntando por que eu não queria comer. Eu dizia que não estava com fome, que tinha

Capítulo 1 – Autobiográfico

algum problema de digestão. Não era sem remorso que inventava esses pretextos. Eu sabia que estava mentindo, e mentindo para minha mãe. E sabia também que, se minha mãe e meu pai soubessem que eu estava comendo carne, eles ficariam profundamente chocados. Essa consciência me corroía o coração.

Por isso, eu disse a mim mesmo: Embora seja essencial comer carne e também seja essencial realizar uma "reforma" alimentar no país, enganar e mentir para o pai e a mãe é pior do que não comer carne. Enquanto eles estiverem vivos, portanto, o consumo de carne estará fora de questão. Quando eles não existirem mais e eu tiver encontrado minha liberdade, poderei comer carne à vontade, mas até lá me absterei dela.

Comuniquei essa decisão ao meu amigo, e nunca mais voltei a comer carne. (AMG, p. 36)

Certa vez, meu amigo me levou a um bordel. Deu-me as instruções necessárias. Estava tudo acertado. A conta já havia sido paga. Entrei nas garras do pecado, mas Deus, em Sua infinita misericórdia, me protegeu de mim mesmo. Quase fiquei cego e mudo naquele covil de vício. Sentei-me perto da mulher na cama, mas não sabia o que falar. Ela, evidentemente, perdeu a paciência comigo e me mostrou a porta da rua, entre insultos e impropérios. Senti, nesse momento, que minha masculinidade havia sido ferida, e desejei sumir de vergonha. Desde então, porém, agradeço a Deus por ter me salvado. Lembro-me de mais quatro incidentes semelhantes em minha vida e, na maior parte das vezes, foi a minha sorte, e não qualquer esforço da minha parte, o que me salvou. De um ponto de vista estritamente ético, todas essas ocasiões devem ser consideradas como lapsos morais, pois o desejo carnal estava lá e era tão bom quanto o ato. Mas do ponto de vista comum, um homem que é salvo do pecado físico é considerado salvo. E eu fui salvo somente nesse sentido. (AMG, p. 37)

Assim como sabemos que um homem costuma sucumbir à tentação, por mais que ele resista, sabemos também que a Providência muitas vezes intercede e o salva, a despeito de si mesmo. Como tudo isso acontece, até que ponto um homem é livre e até que ponto é uma criatura das circunstâncias, até onde o livre-arbítrio comanda e onde o destino entra em cena, tudo isso é um mistério e continuará sendo um mistério. (AMG, p. 37)

Uma das razões de minhas desavenças com minha esposa foi, sem dúvida, a presença desse amigo. Eu era um marido dedicado e zeloso, e esse amigo atiçava a chama de minhas suspeitas em relação a ela. Jamais duvidei dele. E nunca me perdoei por ter feito minha esposa sofrer agindo com base nessas informações, violência da qual sou culpado. Talvez apenas uma esposa hindu seja capaz de tolerar essas dificuldades, e é por isso que passei a ver as mulheres como a encarnação da tolerância. (AMG, p. 38)

O câncer da suspeita só foi extirpado quando compreendi o *ahimsa* em todos os seus aspectos. Enxerguei, então, a glória do *brahmacharya* e percebi que a esposa não é escrava do marido, mas sua companheira e parceira nos momentos de alegria e de tristeza, tão livre quanto ele para escolher seu próprio caminho. Sempre que penso naqueles dias sombrios de dúvidas e suspeitas, sinto repulsa por minha estupidez e cruel lascívia, e lamento minha devoção cega àquele amigo. (AMG, p. 38)

Dos meus seis ou sete anos até os dezesseis, frequentei a escola e aprendi de tudo, exceto religião. Posso dizer que não consegui obter dos professores o que eles poderiam ter me dado sem nenhum esforço da parte deles. Mas, ainda assim, continuava pegando algo, aqui e ali, do meu entorno. Estou usando o termo "religião" em seu sentido mais amplo, referindo-me, portanto, à autorrealização ou autoconhecimento. (AMG, p. 47)

Capítulo 1 – Autobiográfico

Mas uma coisa se arraigou profundamente em mim: a convicção de que a moralidade é a base das coisas e que a verdade é a substância de toda moralidade. A verdade se tornou meu único objetivo. Começou a crescer em magnitude todos os dias, e minha definição dela também se ampliava. (AMG, p. 50-51)

Considero a intocabilidade a maior mancha do hinduísmo. Essa ideia não fazia sentido para mim. Não por minhas amargas experiências durante a luta sul-africana, nem devido ao fato de já ter sido agnóstico. É igualmente errado pensar que minhas opiniões se baseiam no estudo da literatura religiosa cristã. Essas opiniões datam do tempo em que eu ainda não amava e tampouco conhecia a Bíblia ou seus seguidores.

Eu não tinha nem completado doze anos ainda quando me deparei com esse conceito. Um catador de lixo chamado Uka, um intocável, costumava ir à nossa casa para limpar as latrinas. Muitas vezes, eu perguntava à minha mãe por que era errado tocá-lo, por que eu era proibido de tocá-lo. Se eu acidentalmente o tocasse, pediam-me para realizar abluções, e embora eu naturalmente obedecesse, não era sem protestar, dizendo, com um sorriso no rosto, que a intocabilidade não tinha sido sancionada pela religião, que era impossível que o fosse. Eu era uma criança muito obediente e comportada, e, sem faltar ao respeito com meus pais, tinha brigas frequentes com eles sobre esse assunto. Eu disse à minha mãe que ela estava totalmente errada em considerar o contato físico com Uka como algo pecaminoso.

Mahatma, Tendulkar, vol. II,
discurso na Conferência das Classes Oprimidas,
Ahmedabad, 13 de abril de 1921 (MT, II, p. 47-48)

Passei no exame de admissão em 1887. (AMG, p. 52)

Meus pais queriam que eu continuasse os estudos na universidade depois da admissão. Havia uma em Bhavnagar e outra em

Bombaim, mas como a primeira era mais barata, decidi ir para lá e ingressar no Samaldas College. Fui, mas fiquei completamente perdido. Tudo era difícil. Eu não conseguia acompanhar, muito menos me interessar pelo que os professores ensinavam. Não foi culpa deles. Os professores daquela faculdade eram considerados excelentes. Eu é que estava despreparado demais. No final do primeiro período, voltei para casa. (AMG, p. 52)

Um brâmane muito inteligente e culto, um velho amigo e conselheiro da família, [...] veio nos visitar durante minhas férias. Em conversa com minha mãe e meu irmão mais velho, ele perguntou sobre meus estudos. Ao saber que eu estava no Samaldas College, ele disse: "Os tempos são outros. [...] Seria melhor se você o enviasse à Inglaterra. Meu filho Kevalram disse que é muito fácil virar advogado. Em três anos ele volta. Além disso, as despesas não passarão de quatro, 5 mil rúpias. Pense naquele advogado que acabou de voltar da Inglaterra. Como vive bem! Pode obter o título de *Diwan* quando quiser. Recomendo fortemente que você mande o Mohandas para a Inglaterra este ano mesmo". (AMG, p. 52-53)

Minha mãe ficou totalmente perplexa. [...] Alguém lhe dissera que os rapazes se perdiam na Inglaterra. Outro tinha dito que eles passavam a comer carne. E um terceiro, que eles não conseguiam viver lá sem álcool. "E então, o que você me diz de tudo isso?", ela me perguntou. Respondi: "Você não confia em mim? Não mentirei para você. Juro que não tocarei em nenhuma dessas coisas. Se houvesse esse perigo, você acha que Joshiji me deixaria ir?". [...] Prometi não tocar em vinho, mulher e carne. Feito isso, minha mãe me deu sua permissão. (AMG, p. 54)

Antes de consumar a intenção de ir a Londres para estudar, eu já tinha um plano secreto de vir para cá matar minha curiosidade de saber como era Londres.
    London Diary, 12 de novembro de 1888 (CWMG, I, p. 3)

Capítulo 1 – Autobiográfico

Com dezoito anos de idade, fui para a Inglaterra. [...] Tudo me parecia estranho: as pessoas, suas maneiras e até as casas. Eu era completamente novato em matéria de etiqueta inglesa e tinha de estar o tempo todo me vigiando. Fora o inconveniente adicional do voto vegetariano. Mesmo os pratos que eu podia comer eram insípidos e sem graça. Ou seja, eu estava entre Cila e Caríbdis. Não suportava a Inglaterra, mas voltar para a Índia estava fora de cogitação. Agora que eu vim, tenho que terminar os três anos, dizia minha voz interior. (AMG, p. 63)

A senhoria estava perdida, sem saber o que preparar para mim. [...] O amigo* tentava me convencer a comer carne, mas eu falava sempre do meu voto e me calava em seguida. [...] Um dia, o amigo começou a ler para mim a teoria da utilidade, de Bentham. Eu já estava no limite de minhas capacidades mentais. A linguagem era difícil demais para mim. Ele começou a explicar, mas eu disse: "Queira me desculpar, mas essas coisas abstrusas estão além do meu alcance. Admito que é necessário comer carne. Mas não posso quebrar meu voto. Isso está fora de questão". (AMG, p. 64-65)

Eu cavalgava de dezesseis a dezenove quilômetros por dia, ia a um restaurante barato e comia um pedaço de pão, mas nunca me satisfazia. Numa dessas andanças, encontrei um restaurante vegetariano na Farringdon Street. Fiquei extasiado, como uma criança que consegue o que quer. Antes de entrar, vi livros à venda sob uma janela perto da porta e, entre eles, o livro *Plea for Vegetarianism* [Um apelo ao vegetarianismo], de Salt. Comprei-o por um xelim e fui direto para o salão. Era a minha primeira refeição substancial desde a minha chegada à Inglaterra. Deus viera em meu auxílio.

Li o livro inteiro e fiquei muito impressionado. A partir da leitura desse livro, posso afirmar que me tornei vegetariano por opção. Abençoei o dia em que fiz o voto diante de minha mãe.

---
* Um cavalheiro com quem ele ficou em Richmond durante um mês.

Sempre me abstive de carne visando a encontrar a verdade e por causa da promessa que fizera, mas desejava, ao mesmo tempo, que todo indiano comesse carne e ansiava pelo dia em que eu mesmo seria livre para comer, trazendo outros para a causa. A escolha agora era feita em favor do vegetarianismo, cuja disseminação passou a ser minha missão. (AMG, p. 66-67)

O entusiasmo de um convertido por sua nova religião é maior do que o de uma pessoa que nasceu nela. O vegetarianismo era, então, um novo culto na Inglaterra, e também para mim, porque, como vimos, cheguei lá convencido de que comer carne era bom, e fui intelectualmente convertido ao vegetarianismo mais tarde. Cheio do zelo do neófito pelo vegetarianismo, decidi inaugurar um clube vegetariano na minha localidade, Bayswater. Convidei sir Edwin Arnold, que morava lá, para ocupar o cargo de vice-presidente. O dr. Oldfield, editor do *The Vegetarian*, tornou-se presidente. Eu era o secretário. (AMG, p. 79-80)

Fui eleito para o Comitê Executivo da Sociedade Vegetariana, e fazia questão de participar de todas as reuniões, mas sempre me senti meio sem jeito para falar. [...] Não que eu não me visse tentado a falar, mas não sabia direito como me expressar. [...] Essa timidez me acompanhou durante toda a minha estadia na Inglaterra. Mesmo num encontro informal entre amigos, a presença de meia dúzia ou mais de pessoas me emudecia. (AMG, p. 81-82)

Devo dizer que, apesar de ocasionalmente me expor ao riso, minha timidez inata não tem sido uma desvantagem. Ao contrário, chego à conclusão de que, na verdade, ela só me trouxe vantagens. Minha hesitação na fala, que já foi um motivo de aborrecimento para mim, agora é um prazer. O maior benefício foi me ensinar a economizar palavras. (AMG, p. 84)

Capítulo 1 – Autobiográfico

Em 1890, houve uma grande exposição em Paris. Eu havia lido sobre todos os preparativos e tinha também um grande desejo de conhecer Paris, de modo que decidi aproveitar o ensejo. Uma atração particular da exposição era a Torre Eiffel, construída inteiramente de ferro, com cerca de trezentos metros de altura. Naturalmente, havia muitas outras coisas interessantes, mas a torre era a principal, já que até então se supunha que uma estrutura daquela altura não ficaria em pé de maneira segura. (AMG, p. 101)

Não me lembro de nada da exposição, exceto sua magnitude e variedade. Da Torre Eiffel em si me lembro bem, porque subi lá umas duas ou três vezes. Havia um restaurante na primeira plataforma, e só pela satisfação de poder dizer que almoçara nas alturas, gastei sete xelins lá.

As antigas igrejas de Paris ainda estão em minha memória. Seu esplendor e tranquilidade são inesquecíveis. A maravilhosa construção de Notre Dame e a elaborada decoração do interior, com suas belas esculturas, são memoráveis. Senti, então, que aqueles que gastaram milhões nessas catedrais divinas certamente tinham o amor de Deus no coração. (AMG, p. 101)

Devo dizer uma palavra sobre a Torre Eiffel. Não sei qual sua finalidade hoje, mas na época ouvi muitas críticas e elogios a respeito dela. Lembro-me de que Tolstói era seu crítico mais ferrenho. Ele dizia que a Torre Eiffel era um monumento à estupidez humana, não à sua sabedoria. O tabaco, argumentava, era o pior de todos os tóxicos, na medida em que um homem viciado em tabaco era capaz de cometer crimes que um bêbado jamais cometeria. O álcool enlouquecia o homem, mas o tabaco toldava seu intelecto e o fazia construir castelos de vento. A Torre Eiffel foi uma das criações de um homem sob tal influência. Não há arte na Torre Eiffel. De modo algum se pode afirmar que ela contribuiu para a verdadeira beleza da exposição. Os homens se aglomeravam para vê-la e subir nela por ser uma novidade, de dimensões únicas.

Era o brinquedo da exposição. Quando somos crianças, somos atraídos por brinquedos, e a torre servia para demonstrar que somos todos crianças atraídas por quinquilharias. Pode-se dizer que esse é o propósito da Torre Eiffel. (AMG, p. 102)

Passei nos exames, fui chamado para a ordem dos advogados em 10 de junho de 1891 e matriculei-me no Supremo Tribunal no dia 11. No dia 12, voltei de navio para casa. (AMG, p. 105)

Meu irmão mais velho havia incutido grandes esperanças em mim. Ele tinha um grande desejo de riqueza, de nome e fama, além de um coração enorme, extremamente generoso. Isso, somado à simplicidade de sua natureza, fez com que ele tivesse muitos amigos, e por meio deles esperava que eu conseguisse casos de trabalho. Ele também presumia que eu teria uma prática intensa e, com base nisso, deixava que as despesas domésticas se acumulassem. Além disso, moveu céus e terra na preparação do terreno para a minha prática. (AMG, p. 115)

Mas não havia como progredir ficando em Bombaim por mais de quatro ou cinco meses, pois não havia entrada suficiente para arcar com os gastos cada vez maiores.
Foi assim que comecei a vida. A profissão de advogado me parecia ruim: muita exibição e pouco conhecimento. Sentia o peso esmagador de minha responsabilidade. (AMG, p. 118)

Desapontado, saí de Bombaim e fui para Rajkot, onde montei meu próprio escritório. Ali, eu ia relativamente bem. A elaboração de petições e memorandos me rendia cerca de trezentas rúpias por mês. (AMG, p. 123)

Nesse ínterim, uma firma Memon de Porbandar escreveu para o meu irmão fazendo a seguinte proposta: "Temos negócios na África do Sul. Nossa empresa é grande e temos um grande caso

Capítulo 1 – Autobiográfico

no tribunal de lá, no qual pedimos 40 mil libras. Ele já está em andamento há um tempo. Contratamos os serviços dos melhores *vakils* e advogados. Se você mandasse seu irmão para lá, ele seria útil para nós e também para si mesmo. Poderia instruir nosso conselho melhor do que nós mesmos. E ainda teria a oportunidade de conhecer outra parte do mundo e fazer novas amizades". (AMG, p. 128)

Isso dificilmente significava ir para lá como advogado, mas sim como um mero funcionário. De qualquer modo, eu queria sair da Índia. Havia também a tentadora oportunidade de conhecer um novo país e ter novas experiências. Ademais, eu poderia enviar 105 libras para o meu irmão e ajudar nas despesas da casa. Topei sem pestanejar e me preparei para embarcar rumo à África do Sul. (AMG, p. 129)

Quando comecei na África do Sul, não senti o baque da separação que eu havia sentido quando fui para a Inglaterra. Minha mãe já não vivia mais. Eu já tinha algum conhecimento do mundo e experiência em viagens para o exterior, e ir de Rajkot para Bombaim não era novidade.

Dessa vez, só me doeu me separar da minha esposa. Outro filho havia nascido desde o meu retorno da Inglaterra. Nosso amor ainda não podia ser chamado de isento da luxúria, mas estava ficando gradualmente mais puro. Desde o meu regresso da Europa, tínhamos vivido muito pouco juntos. E como eu agora me tornara seu professor, por mais indiferente que fosse, e a ajudava a fazer certas reformas, ambos sentimos a necessidade de estar mais unidos, nem que fosse somente para continuar as reformas. Mas a atração pela África do Sul tornou a separação suportável. (AMG, p. 130)

O porto de Natal é Durban, também conhecido como Port Natal. Abdulla Sheth estava lá para me receber. Enquanto o navio atracava no cais, observei as pessoas que vinham a bordo para encontrar seus amigos e concluí que os indianos não eram muito respeitados. Não pude deixar de notar uma espécie de esnobismo na maneira como aqueles que conheciam Abdulla Sheth se comportavam em relação a ele, e aquilo me incomodou. Abdulla Sheth já tinha se acostumado. Aqueles que me olhavam expressavam certa curiosidade. Minhas vestes me faziam destoar dos outros indianos. Eu usava sobrecasaca e turbante. (AMG, p. 134)

No segundo ou terceiro dia depois da minha chegada, ele me levou para conhecer o tribunal de Durban. Lá ele me apresentou a várias pessoas e me fez sentar ao lado de seu advogado. O magistrado ficou olhando para mim e finalmente me pediu para tirar o turbante. Isso eu me recusei a fazer e saí do tribunal. (AMG, p. 135)

No sétimo ou oitavo dia após a minha chegada, saí de Durban (para Pretória). Um assento de primeira classe foi reservado para mim. [...] O trem chegou a Maritzburg, a capital de Natal, por volta das nove da noite. Nessa estação, eles forneciam roupas de cama. Um funcionário da ferrovia veio e perguntou se eu queria. "Não", respondi, "já tenho." E ele foi embora. Mas um passageiro se aproximou de mim e me olhou de cima a baixo. Viu que eu era um homem "de cor", e isso o perturbou. Saiu e voltou com um ou dois oficiais. Todos ficaram em silêncio, quando outro funcionário veio até mim e disse:

"Venha comigo. Você viajará no vagão de carga."

"Mas eu tenho uma passagem de primeira classe", retorqui.

"Não importa", voltou a falar o outro. "Estou lhe dizendo que você viajará no vagão de carga."

"Pois eu lhe digo que me permitiram viajar neste vagão em Durban e insisto em continuar nele".

"Não", disse o funcionário. "Você sairá deste vagão, ou terei que chamar um policial para expulsá-lo."

"Pode chamar. Eu me recuso a sair voluntariamente."

Capítulo 1 – Autobiográfico

O policial veio. Ele me pegou pela mão e me retirou do trem, junto com a minha bagagem. Recusei-me a ir para o outro vagão, e o trem seguiu viagem, distanciando-se. Sentei-me na sala de espera, mantendo minha bolsa comigo e deixando a outra bagagem onde estava. As autoridades ferroviárias haviam se encarregado dela.

Era inverno, e o inverno nas regiões mais altas da África do Sul é bastante rigoroso. Como Maritzburg ficava em altitude elevada, o frio era extremamente intenso. Meu sobretudo estava na minha bagagem, mas não me atrevi a pedir para pegá-lo pois não queria ser insultado novamente, de modo que fiquei ali sentado, tremendo de frio. Não havia luz na sala. Um passageiro entrou por volta da meia-noite e parecia querer conversar comigo, mas eu não estava para conversas.

Comecei a pensar no meu dever. Deveria lutar pelos meus direitos ou voltar para a Índia, ou ir para Pretória sem me importar com os insultos e voltar para a Índia depois de terminar o caso? Seria covardia voltar correndo para a Índia sem cumprir minha obrigação. A dificuldade que se apresentava era superficial, somente um sintoma da doença entranhada do preconceito de cor. Eu deveria tentar, na medida do possível, erradicar a doença, enfrentando as adversidades do processo. Reparar os erros na medida em que fosse necessário para acabar com o preconceito racial.

Resolvi, então, pegar o trem seguinte para Pretória. (AMG, p. 140-141)

Meu primeiro passo foi convocar uma reunião com todos os indianos em Pretória e apresentar-lhes uma imagem de sua condição no Transvaal. (AMG, p. 157)

Meu discurso nessa reunião pode ser considerado meu primeiro discurso público na vida. Fui razoavelmente preparado em relação ao assunto, que era a honestidade nos negócios. Sempre ouvi os comerciantes dizerem que era impossível ser totalmente honesto nos negócios. Eu não pensava assim na época, e tampouco penso agora. Ainda hoje tenho amigos comerciantes que afirmam que a honestidade é incompatível com os negócios. Os negócios, dizem eles, são um assunto muito prático, e a verdade é uma preocupação da religião. E eles dizem que os assuntos práticos são uma coisa e a religião é outra, completamente diferente. A verdade, insistem eles, não tem lugar nos negócios. O sujeito só dirá a verdade até o ponto em que lhe for conveniente. Contestei veementemente essa posição em meu discurso e chamei a atenção deles para seu dever, que era duplo, pois a responsabilidade de ser honesto numa terra estrangeira era ainda maior, uma vez que a conduta de alguns indianos representava a de milhões de compatriotas. (AMG, p. 157-158)

As consequências do regulamento em relação ao uso de calçadas foram bastante sérias para mim. Eu sempre saía para passear pela President Street até uma planície aberta. A casa do presidente Kruger ficava nessa rua, um prédio muito modesto e sem ostentação, sem jardim e não muito diferente das outras casas da região. As mansões de muitos dos milionários de Pretória eram bem mais chamativas e estavam cercadas de jardins. De fato, a simplicidade do presidente Kruger era conhecida. Apenas a presença de uma patrulha policial em frente à casa indicava que ela pertencia a algum oficial. Eu costumava passar por ali sem nenhum problema ou impedimento.

 Mas o policial da ronda mudava de tempos em tempos. Certa vez, um desses policiais, sem o menor aviso, sem sequer me pedir para sair da calçada, me empurrou para a rua. Fiquei consternado. Antes que eu pudesse questioná-lo sobre seu comportamento, o sr. Coates, que por acaso estava passando por ali montado a cavalo, me cumprimentou e disse:

 "Gandhi, eu vi tudo. Ficarei feliz em ser sua testemunha no tribunal se você quiser processar esse sujeito. Lamento muito que você tenha sido tão rudemente atacado".

Capítulo 1 – Autobiográfico

"Você não precisa se lamentar", respondi. "O que sabe o pobre coitado? Todas as pessoas de cor são iguais para ele. Certamente ele trata os negros como tratou a mim. Tenho a regra de não entrar na justiça para resolver assuntos pessoais. Portanto, não pretendo processá-lo". (AMG, p. 162-163)

O incidente aumentou minha compaixão pelos colonos indianos. [...] Decidi, então, realizar um estudo profundo da difícil condição dos colonos indianos, não somente lendo e ouvindo a respeito, mas pela experiência pessoal. Vi que a África do Sul não era um país para um indiano que se preze, e minha mente ficou cada vez mais voltada para a questão de como melhorar aquela situação. (AMG, p. 163-164)

A estada de um ano em Pretória foi uma experiência muito proveitosa em minha vida. Aqui tive oportunidade de me dedicar ao trabalho público e adquiri certa habilidade nisso. Aqui o espírito religioso dentro de mim se tornou uma força viva, e aqui também adquiri um verdadeiro conhecimento da prática legal. (AMG, p. 165)

Percebi que a verdadeira função de um advogado era unir partes que estavam separadas. Essa lição se imprimiu em mim de modo tão indelével que grande parte do meu tempo durante os vinte anos de prática como advogado foi dedicada a viabilizar o consenso entre partes em centenas de casos. Não perdi nada com isso: nem dinheiro, e muito menos minha alma. (AMG, p. 168)

O desejo puro e sincero do coração é sempre atendido. Na minha própria experiência, vi que essa regra normalmente se cumpre. O serviço aos pobres tem sido o desejo do meu coração e sempre me colocou em seu meio, permitindo que eu me identificasse com eles. (AMG, p. 190)

Eu estava trabalhando há pouco mais de três ou quatro meses, e o Congresso* ainda estava engatinhando, quando um tâmil, de roupas esfarrapadas, chapéu na mão, os dois dentes da frente quebrados e a boca sangrando, apresentou-se diante de mim, tremendo e chorando. Ele tinha sido espancado pelo patrão. Informei-me a respeito dele com meu funcionário, que também era tâmil. Balasundaram (assim se chamava o visitante) era servo por contrato de um residente europeu de Durban muito conhecido. O patrão se zangou com ele, perdeu a cabeça e lhe deu uma surra, quebrando-lhe dois dentes.

Mandei-o para um médico. Naquela época, só havia médicos brancos disponíveis. Consegui um atestado sobre a natureza da lesão que Balasundaram havia sofrido e levei o homem ferido imediatamente ao magistrado, onde apresentamos sua declaração juramentada. O magistrado ficou indignado quando a leu e emitiu uma intimação ao empregador. (AMG, p. 190-191)

O caso de Balasundaram chegou aos ouvidos de todo servo por contrato do país, e acabei sendo considerado amigo deles. Recebi essa conexão com prazer. Um fluxo regular de servos por contrato começou a aparecer em meu escritório, dando-me a oportunidade de saber de suas alegrias e tristezas. (AMG, p. 191-192)

Sempre foi um mistério para mim como os homens podem se sentir honrados com a humilhação de seus semelhantes. (AMG, p. 192)

Se eu me encontrava totalmente envolvido no serviço da comunidade, a razão por trás disso era meu desejo de autorrealização. Eu havia tornado minha religião o serviço, pois sentia que Deus só poderia ser encontrado através do serviço. E serviço para mim era o serviço da Índia, porque veio a mim sem que eu o buscasse,

---

* Congresso Indiano de Natal, organizado por Gandhi em protesto contra o projeto de lei na Assembleia Legislativa de Natal que privava os indianos do direito ao voto.

porque eu tinha aptidão para isso. Eu tinha ido à África do Sul para viajar, para fugir das intrigas de Kathiawar e para conseguir meu próprio sustento. Mas, como eu disse, vi-me em busca de Deus e esforçando-me para alcançar a autorrealização. (AMG, p. 197)

Dificilmente conheci alguém tão leal à Constituição britânica quanto eu. Consigo ver agora que meu amor pela verdade estava na raiz dessa lealdade. Nunca fui capaz de simular lealdade ou, aliás, qualquer outra virtude. O hino nacional costumava ser cantado em todas as reuniões de que eu participava em Natal. Então, senti que também deveria me juntar ao canto. Não que eu não soubesse dos defeitos do governo britânico, mas me parecia que, no todo, era algo aceitável. Naquela época, eu acreditava que o governo britânico era em geral benéfico para os governados.

O preconceito racial que eu via na África do Sul era, pensava eu, contrário às tradições britânicas, e eu acreditava que se tratava de algo temporário e local. Por isso, eu competia com os ingleses em termos de lealdade ao trono. Com bastante perseverança, aprendi a melodia do "hino nacional" e participava do coro toda vez que ele era executado. Sempre que havia uma ocasião para expressar lealdade sem estardalhaço ou ostentação, eu expressava.

Nunca me aproveitei dessa lealdade, e jamais procurei justificar os meios por fins egoístas. A lealdade era, para mim, como uma espécie de obrigação, e eu a demonstrava sem esperar recompensa. (AMG, p. 212)

A essa altura, eu já estava há três anos na África do Sul. Já conhecia as pessoas, e elas me conheciam. Em 1896, pedi permissão para ir para casa por seis meses, pois percebi que passaria um bom tempo na África. Eu havia me estabelecido profissionalmente e via que as pessoas sentiam a necessidade da minha presença. Portanto, decidi ir para casa, pegar minha esposa e meus filhos e voltar para morar na África. (AMG, p. 205)

Essa foi minha primeira viagem com minha esposa e meus filhos. [...] Na época, eu acreditava que, para parecer civilizada, nossa forma de nos vestir e de nos comportar deveria se aproximar ao máximo do padrão europeu. Porque, pensava eu, só assim poderíamos ter alguma influência, e sem influência não seria possível servir a comunidade. [...] Determinei, portanto, o estilo de vestir de minha esposa e filhos. [...] Os parses eram considerados o povo mais civilizado entre os indianos, e assim, quando o estilo europeu pareceu inadequado, adotamos o estilo parse. [...] No mesmo espírito e com mais relutância ainda, eles passaram a usar garfo e faca. Quando minha paixão por esses sinais de civilização se esgotou, eles desistiram de usar garfo e faca. Depois de tanto tempo acostumados com o novo estilo, talvez fosse igualmente cansativo voltar ao modo original. Mas consigo ver hoje que nos sentíamos mais livres e mais leves por ter abandonado o falso brilho da "civilização". (AMG, p. 229-230)

O navio ancorou no porto de Durban no dia 18 ou 19 de dezembro. (AMG, p. 231)

Nosso navio recebeu ordens de ficar em quarentena até o 23º dia após nossa partida de Bombaim. Mas essa ordem de quarentena tinha mais do que razões de saúde por trás.

    Os moradores brancos de Durban exigiam nossa repatriação, e essa exigência era uma das razões para a ordem. [...] O verdadeiro objetivo da quarentena era coagir os passageiros a voltar para a Índia, intimidando a eles ou à companhia. Nesse momento, as ameaças começaram a ser dirigidas a nós também: "Se vocês não voltarem, certamente serão lançados ao mar. Mas se consentirem em voltar, poderão até receber o dinheiro da passagem de volta". Eu andava entre os meus companheiros de viagem, animando-os. (AMG, p. 232-233)

Capítulo 1 – Autobiográfico

Por fim, deram um ultimato aos passageiros e a mim. Melhor que aceitássemos, ameaçaram, se quiséssemos escapar com vida. Em nossa resposta, os passageiros e eu reafirmamos nosso direito de desembarcar em Port Natal e anunciamos que estávamos determinados a entrar em Natal de qualquer maneira. No final de 23 dias, os navios foram autorizados a entrar no porto, e os passageiros, a desembarcar. (AMG, p. 235)

Assim que desembarcamos, alguns jovens me reconheceram e gritaram: "Gandhi, Gandhi". Cerca de meia dúzia de homens correram para o local e se juntaram à gritaria. [...] Enquanto avançávamos, a multidão se adensava, até não dar mais para prosseguir. [...] Então me atiraram pedras, tijolos e ovos podres. Alguém arrancou meu turbante, enquanto outros me batiam e me chutavam. Desmaiei e me agarrei às grades da frente de uma casa para recuperar o fôlego. Mas era impossível. Eles vieram para cima de mim, aos socos e pontapés. A esposa do superintendente da polícia, que me conhecia, por acaso estava passando por ali. A brava senhora se aproximou, abriu a sombrinha, embora não houvesse sol, e ficou entre mim e a multidão, o que aplacou a fúria da turba, pois era difícil me bater sem atingir a sra. Alexander. (AMG, p. 236-237)

O falecido sr. Chamberlain, então secretário de Estado das Colônias, enviou um telegrama pedindo ao governo de Natal que processasse meus agressores. O sr. Escombe mandou me chamar, expressou seu pesar pelos ferimentos que sofri e disse: "Acredite em mim, qualquer mínimo dano causado à sua pessoa me aborrece profundamente. [...] Se você puder identificar os agressores, estou decidido a prendê-los e processá-los. O sr. Chamberlain também deseja que eu faça isso". Respondi-lhe o seguinte: "Não quero processar ninguém. É possível que eu consiga identificar um ou dois deles, mas de que adianta puni-los? Além disso, não culpo os agressores. Eles foram informados de que eu havia feito declarações exageradas na Índia sobre os brancos em Natal e os havia caluniado.

Se eles acreditaram nessas informações, não é de se admirar que tenham ficado furiosos. Os líderes e, se o senhor me permitir a franqueza, vocês são os culpados. Vocês poderiam ter orientado o povo, mas também acreditaram na Reuters e concluíram que eu havia exagerado mesmo. Não quero tirar satisfação com ninguém. Tenho certeza de que, quando a verdade se tornar conhecida, eles se arrependerão de sua conduta". (AMG, p. 239-240)

No dia do desembarque, assim que abaixaram a bandeira amarela, um representante do *The Natal Advertiser* veio me entrevistar. Ele me fez várias perguntas e, em resposta, pude refutar todas as acusações que haviam sido feitas contra mim. [...] Essa entrevista e minha recusa em processar os agressores produziram uma impressão tão profunda nas pessoas que os europeus de Durban se envergonhavam de sua conduta. A imprensa declarou que eu era inocente e condenou a turba. Assim, o linchamento acabou sendo uma bênção para mim, isto é, para a causa, pois aumentou o prestígio da comunidade indiana na África do Sul e facilitou meu trabalho. (AMG, p. 241)

Minha profissão progredia satisfatoriamente, mas isso estava longe de me satisfazer. [...] Eu ainda estava pouco à vontade. Ansiava por algum trabalho humanitário permanente. [...] Então, encontrei tempo para servir no hospital pequeno. Isso significava duas horas todas as manhãs, incluindo o tempo para ir e voltar do hospital. Esse trabalho me trouxe um pouco de paz. Consistia em averiguar as queixas do paciente, apresentar os fatos ao médico e entregar as prescrições. Nesse trabalho, pude ter mais contato com indianos em sofrimento, a maioria deles servos por contrato tâmeis, telugos ou do norte da índia.

    A experiência me foi útil no futuro, quando, durante a Guerra dos Bôeres, ofereci meus serviços para cuidar dos soldados doentes e feridos. (AMG, p. 249-250)

Capítulo 1 – Autobiográfico

O nascimento de meu último filho foi um grande teste para mim. Minha esposa começou a sentir as dores do parto de repente, não havia médico disponível e perdemos um bom tempo buscando a parteira. Mesmo que ela estivesse ali no momento, não teria tido como ajudar. Tive que cuidar de tudo para que o bebê nascesse em segurança. (AMG, p. 250)

Estou convencido de que, para os filhos terem uma boa educação, os pais devem possuir um conhecimento geral a respeito dos cuidados com os bebês. A cada etapa do processo, o afinco com que eu me dedicara ao estudo do assunto trouxe vantagens evidentes. Meus filhos não teriam a saúde que têm hoje se eu não tivesse me debruçado sobre o tema e agido com base em meu conhecimento. Temos uma espécie de superstição de que a criança não tem nada a aprender durante os primeiros cinco anos de sua vida. Pelo contrário, o fato é que a criança nunca aprende depois na vida o que aprende nos primeiros cinco anos. A educação de um filho começa em sua concepção. (AMG, p. 250-251)

O casal que entender essas coisas jamais terá relação sexual por prazer, mas somente quando desejarem ter filhos. Parece-me o cúmulo da ignorância acreditar que o ato sexual é uma função necessária independente, como dormir ou comer. O mundo depende, para sua existência, do ato da criação, e como o mundo é o campo de ação de Deus e um reflexo de Sua glória, o ato da criação deve ser controlado para o crescimento ordenado do mundo. Aquele que compreender isso controlará seus desejos a qualquer custo, equipar-se-á com o conhecimento necessário para o bem-estar físico, mental e espiritual de sua progênie e transmitirá o benefício desse conhecimento à posteridade. (AMG, p. 251)

Após muito debate e madura deliberação, fiz o voto (de *brahmacharya*) em 1906. Eu não tinha compartilhado meus pensamentos com minha esposa até então, e só a consultei na hora de fazer o voto. Ela não fez nenhuma objeção, mas tive muita dificuldade de tomar a decisão final. Não tinha a força necessária. Como controlaria minhas paixões? O fim da relação carnal com a esposa parecia, naquele momento, uma coisa estranha. Mas resolvi me lançar nesse caminho, com fé no poder sustentador de Deus.

Quando olho em retrospecto para os vinte anos de voto, sinto prazer e admiração. A prática do autocontrole vinha acontecendo, com relativo êxito, desde 1901. Mas a liberdade e a alegria que me vieram depois de fazer o voto eu nunca havia experimentado até 1906. Antes do voto, eu estava aberto para ser vencido pela tentação a qualquer momento. Agora, o voto era um escudo seguro contra a tentação. (AMG, p. 256)

Apesar de ser uma área de alegria crescente, não era fácil para mim. Mesmo aos 56 anos, vejo o quanto é difícil. Todos os dias, percebo que é como andar no fio da espada e diviso, a cada momento, a necessidade de vigilância eterna.

O controle do paladar é o primeiro ponto essencial na observância do voto. Descobri que o controle absoluto do paladar tornava a observância muito fácil, e, portanto, minha dieta alimentar não era mais somente uma experiência vegetariana, mas o reflexo do modo de vida de um *brahmachari*.* (AMG, p. 257)

Sei que dizem que a alma não tem nada a ver com o que comemos ou bebemos, pois a alma não come nem bebe; que o que importa não é o que entra, mas o que sai pela boca. Sem dúvida, há alguma verdade nisso. Mas, em vez de me ater a essa ideia, é-me suficiente declarar minha firme convicção de que, para o indivíduo temente a Deus, que O busca e deseja vê-Lo frente a frente, a restrição alimentar, seja na quantidade ou na qualidade, é tão essencial quanto a restrição do pensamento e da fala. (AMG, p. 334)

---

* Celibatário. (N.T.)

Capítulo 1 – Autobiográfico

Eu havia começado uma vida de conforto e tranquilidade, mas o momento durou pouco. Embora eu tivesse mobiliado a casa com dedicação, aquilo não teve nenhum controle sobre mim. Tão logo me lancei naquela vida, comecei a reduzir as despesas. A conta do lavadeiro era alta, e como ele não era nenhum exemplo de pontualidade nas entregas, mesmo duas ou três dúzias de camisas e colarinhos eram insuficientes para mim. Os colarinhos tinham que ser trocados diariamente, e as camisas, se não diariamente, pelo menos a cada dois dias. Isso significava o dobro do gasto, o que me parecia desnecessário. Então, muni-me de equipamento de lavagem para economizar. Comprei um livro sobre lavagem, estudei sobre o assunto e o ensinei também à minha esposa. Dava mais trabalho, mas também era algo prazeroso, pela novidade.

Jamais me esquecerei do primeiro colarinho que eu mesmo lavei. Eu havia usado mais goma do que o necessário, o ferro não estava quente o suficiente e, por medo de queimar o colarinho, não o pressionei muito. O resultado foi que, embora o colarinho fosse bastante duro, ficou saindo goma dele. Fui ao tribunal com esse colarinho, como que pedindo que meus colegas advogados zombassem de mim, mas, mesmo naquela época, eu já era imune à zombaria. (AMG, p. 261)

Da mesma forma que me libertei da escravidão em relação ao lavadeiro, fiquei independente do barbeiro. Todo mundo que vai para a Inglaterra aprende ali ao menos a arte de fazer a barba, mas ninguém, pelo que sei, aprende a cortar o próprio cabelo. Tive que aprender isso também. Certa vez, fui a um barbeiro inglês em Pretória, e ele se recusou a cortar meu cabelo. É claro que fiquei chateado, mas comprei logo uma tesoura e cortei meu cabelo em frente ao espelho. Consegui cortar mais ou menos o cabelo da frente, mas a parte de trás ficou horrível. Os amigos do tribunal caíram na gargalhada.

"O que há de errado com o seu cabelo, Gandhi? Os ratos passaram aí?"

"Não. O barbeiro branco não quis tocar em meu cabelo de preto", respondi. "Então, resolvi cortar o cabelo sozinho, mesmo que ficasse ruim".

A resposta não surpreendeu meus amigos. O barbeiro não teve culpa por ter se recusado a cortar meu cabelo. Era muito provável que ele perdesse sua clientela se começasse a atender negros. (AMG, p. 262-263)

Quando a guerra [dos Bôeres] foi declarada, fiquei do lado dos bôeres, mas julguei que ainda não tinha o direito, em tais casos, de impor minhas convicções individuais. Contei detalhadamente minha luta interna em relação a isso em minha história sobre o *satyagraha* na África do Sul, e não repetirei o argumento aqui. Convido os curiosos a lerem essas páginas. Basta dizer que minha lealdade ao governo britânico me levou à participação com os britânicos naquela guerra. Eu sentia que, se exigia direitos como cidadão britânico, também era meu dever, como tal, participar da defesa do Império Britânico. Na época, eu acreditava que a Índia só conseguiria sua emancipação completa por meio do Império Britânico. Assim, reuni o maior número possível de companheiros e, com grande dificuldade, consegui que eles fossem aceitos para prestar serviços de emergência. (AMG, p. 264)

Assim, o serviço dos indianos na África do Sul sempre me revelava novas facetas da verdade a cada etapa. A verdade é como uma árvore frondosa, que produz cada vez mais frutos quanto mais você a nutre. Quanto mais profunda a busca na mina da verdade, mais rica é a descoberta das joias ali enterradas na forma de abertura para uma variedade cada vez maior de serviço. (AMG, p. 268)

O homem e seus atos são duas coisas distintas. Enquanto uma boa ação suscita aprovação e uma má ação, desaprovação, o praticante

Capítulo 1 – Autobiográfico

do ato, seja bom ou mau, sempre merece respeito ou piedade, dependendo do caso. "Odiar o pecado e não o pecador" é um preceito que, embora fácil de entender, raramente é praticado, e é por isso que o veneno do ódio se espalha no mundo. Este *ahimsa* é a base da busca pela verdade. Estou percebendo todos os dias que a busca é vã, a menos que seja fundada no *ahimsa*. É bastante apropriado resistir e atacar um sistema, mas resistir e atacar seu autor é o mesmo que resistir e atacar a si mesmo. Pois fomos todos moldados com a mesma forma e somos todos filhos do mesmo e único Criador, e, portanto, os poderes divinos que temos dentro de nós são infinitos. Desprezar um único ser humano é desprezar esses poderes divinos, o que prejudica não somente esse ser, mas o mundo inteiro. (AMG, p. 337)

Uma série de incidentes em minha vida me colocou em contato íntimo com indivíduos de muitos credos e muitas comunidades, e minha experiência com todos eles justifica a afirmação de que não faço distinção entre parentes e estranhos, compatriotas e estrangeiros, brancos e indivíduos de cor, hindus e indianos de outras religiões, sejam muçulmanos, parses, cristãos ou judeus. Posso dizer que meu coração há muito tempo tem sido incapaz de fazer essas distinções. (AMG, p. 338)

Não sou um profundo estudioso de sânscrito. Li os Vedas e os Upanishads apenas em traduções. Portanto, meu estudo dessas obras não é acadêmico e meu conhecimento delas não é nem um pouco profundo, mas as estudei como deve fazer todo hindu e afirmo ter compreendido seu verdadeiro espírito. Quando cheguei aos 21 anos de idade, estudei outras religiões também. Houve um tempo em que eu hesitava entre o hinduísmo e o cristianismo. Quando recuperei meu equilíbrio mental, senti que para mim a salvação só era possível através da religião hindu, e minha fé no hinduísmo tornou-se mais profunda e evoluída.

Mas, mesmo naquela época, eu já acreditava que a intocabilidade não fazia parte do hinduísmo e que, se fizesse, esse hinduísmo não era para mim.
Mahatma, Tendulkar, vol. II, discurso na Conferência das Classes Oprimidas, Ahmedabad, 13 de abril de 1921 (MT, II, p. 49)

Hoje, entendo mais claramente o que li há muito tempo a respeito da inadequação de toda autobiografia como história. Sei que não apresento nesta história tudo o que me lembro. Quem pode dizer quanto expor e quanto omitir em benefício da verdade? E num tribunal qual seria o valor de evidências impróprias apresentadas por mim sobre certos eventos da minha vida sem a presença das outras partes? Se algum intrometido fosse me interrogar a respeito dos capítulos já escritos, provavelmente os tornaria muito mais compreensíveis, e no caso de um interrogatório hostil, o crítico poderia até se vangloriar de ter revelado "o vazio de grande parte das minhas pretensões".

Por isso, pergunto-me por um momento se não seria apropriado parar de escrever estes capítulos. Mas, enquanto não há proibição da voz interior, continuo escrevendo. Devo seguir a máxima sábia de que nada, uma vez iniciado, deve ser abandonado, a menos que se prove moralmente errado. (AMG, p. 342)

No primeiro mês do *Indian Opinion**, percebi que o único objetivo do jornalismo deve ser o serviço. A imprensa jornalística é uma grande potência, mas, assim como uma torrente desgovernada é capaz de inundar todo um país e acabar com plantações inteiras, uma caneta descontrolada serve apenas para destruir. E o controle externo é ainda mais venenoso do que a falta de controle. O controle só será produtivo quando for interno. Se esta linha de raciocínio estiver correta, quantos dos periódicos do mundo resistiriam ao teste? E quem deteria aqueles que são inúteis? E

---

* Jornal fundado por Gandhi na África do Sul.

Capítulo 1 – Autobiográfico

quem deveria ser o juiz? O útil e o inútil, como o bem e o mal, geralmente andam de mãos dadas, e o homem deve fazer sua escolha. (AMG, p. 349)

Este [*Unto This Last*] foi o primeiro livro de Ruskin que eu li. Durante os dias de minha educação, não lia praticamente nada além dos livros escolares, e, depois que entrei na vida ativa, tinha muito pouco tempo para ler. Não posso, portanto, afirmar que tenho muito conhecimento de livros, mas não acredito que tenha perdido muito por causa dessa restrição forçada. Pelo contrário, eu diria que a leitura limitada me permitiu digerir completamente o que li. Desses livros, o que trouxe uma transformação imediata e prática em minha vida foi *Unto This Last*, que traduzi depois para guzerate com o título *Sarvodaya* (o bem-estar de tudo).

Acredito que descobri algumas das minhas convicções mais profundas refletidas nesse grande livro de Ruskin, e é por isso que ele me cativou e me fez transformar minha vida. Um poeta é aquele capaz de trazer à tona o bem latente no coração humano. Os poetas não influenciam a todos da mesma forma, pois as pessoas não são evoluídas em igual medida. (AMG, p. 364-365)

Mesmo pensando que tinha me estabelecido em Joanesburgo, não haveria vida estável para mim. Tão logo sentia que respiraria em paz, algo inesperado acontecia. Os jornais trouxeram a notícia da "rebelião" zulu em Natal. Eu não tinha rancor contra os zulus, pois eles não haviam ferido nenhum indiano. Eu tinha dúvidas sobre a "rebelião" em si. Mas na época eu acreditava que o Império Britânico existia para o bem-estar do mundo. Um genuíno senso de lealdade me impedia até mesmo de desejar mal ao império. A veracidade ou não da "rebelião", portanto, não afetaria minha decisão. Natal tinha uma Força de Defesa Voluntária, que estava aberta para recrutar mais homens. Li que essa força já havia sido mobilizada para reprimir a "rebelião". (AMG, p. 383)

Ao chegar ao local da "rebelião", vi que não havia nada ali que justificasse o nome de "rebelião". Não havia resistência visível. A razão pela qual o distúrbio foi chamado exageradamente dessa forma era que um chefe zulu havia aconselhado o não pagamento de um novo imposto criado para seu povo e havia atacado com uma azagaia um sargento que fora recolher esse imposto. De qualquer forma, meu coração estava com os zulus e, ao chegar ao centro de comando, fiquei feliz de saber que nossa principal tarefa era cuidar dos zulus feridos. O médico responsável nos recebeu, dizendo que os brancos não queriam tratar dos zulus feridos, que suas feridas estavam infeccionadas, e que ele não sabia mais o que fazer. Saudando nossa chegada como uma dádiva divina para aquelas pessoas inocentes, forneceu-nos ataduras, antissépticos etc. e nos levou ao hospital improvisado. Os zulus ficaram felizes em nos ver. Soldados brancos espiavam pelas grades que nos separavam e tentavam nos dissuadir de cuidar das feridas. Como não lhes demos ouvidos, eles ficaram enfurecidos e direcionaram palavrões indescritíveis para os zulus. (AMG, p. 384)

Os feridos a nosso cargo não foram feridos em batalha. Alguns deles haviam sido capturados como suspeitos. O general os sentenciara ao açoite, que causou feridas graves. Como essas feridas não haviam sido tratadas, estavam infeccionando. Os outros eram simpatizantes dos zulus. Embora tivessem distintivos para diferenciá-los do "inimigo", eles foram baleados pelos soldados por engano. (AMG, p. 385)

A "rebelião" dos zulus trazia muitas experiências novas e me fez refletir bastante. A Guerra dos Bôeres não me apresentara os horrores da guerra com tanta nitidez quanto aquela "rebelião". Não era uma guerra, mas uma caçada humana, não só na minha opinião, mas também na opinião de muitos ingleses com quem tive oportunidade de conversar. Ouvir todas as manhãs relatos de fuzis de soldados explodindo como fogos de artifício

Capítulo 1 – Autobiográfico

em povoados inocentes e viver no meio deles foi uma provação e tanto. Mas engoli o trago amargo, especialmente porque o trabalho de meu regimento era apenas cuidar dos zulus feridos. Constatei que, se não fosse por nós, os zulus não teriam tido nenhum atendimento. Esse trabalho, portanto, tranquilizava minha consciência. (AMG, p. 386)

Eu estava ansioso para praticar o *brahmacharya* em pensamentos, palavras e ações, e igualmente ansioso para dedicar o máximo de tempo à luta *satyagraha*, adequando-me a ela pelo cultivo da pureza. Fui, portanto, levado a fazer mais mudanças e impor restrições mais severas a mim mesmo em termos de alimentação. O motivo para as mudanças anteriores havia sido em grande parte higiênico, mas as novas experiências tinham um cunho religioso.

Jejum e restrições alimentares agora desempenhavam um papel mais importante na minha vida. A paixão no homem geralmente anda de mãos dadas com um apetite incontrolável pelos prazeres do paladar. E assim foi comigo. Tive muita dificuldade de controlar a paixão, assim como a boca, e não posso afirmar, mesmo agora, que as controlei totalmente. Eu me considerava um glutão. O que meus amigos julgavam ser minha restrição nunca me pareceu restrição. Se eu não tivesse conseguido me controlar na medida em que me controlei, teria afundado mais do que as bestas e encontrado minha perdição há muito tempo. No entanto, como eu sabia das minhas deficiências, fiz um grande esforço para me livrar delas, e, graças a esse esforço, conservo meu corpo todos esses anos e o utilizo para fazer a minha parte do trabalho. (AMG, p. 391)

Comecei com uma dieta de frutas, mas do ponto de vista da restrição não vi muita diferença entre uma dieta de frutas e uma dieta de grãos. Observei que era possível obter o mesmo prazer com as duas, ainda mais quando nos acostumamos. Portanto, passei a dar maior importância ao jejum ou ao hábito de fazer apenas uma refeição por dia nos feriados. E se houvesse alguma ocasião para penitência ou algo semelhante, eu aproveitava para jejuar.

Vi também que, como o corpo se esvaziava agora de maneira mais eficaz, a comida produzia mais prazer e o apetite ficava mais aguçado. Percebi que o jejum podia ser tanto uma arma poderosa de indulgência quanto de restrição. Muitas experiências posteriores minhas, assim como de outras pessoas, podem ser apresentadas como prova desse fato surpreendente. Eu queria melhorar e treinar meu corpo, mas como meu principal objetivo então era conseguir restringir e dominar meu paladar, eu escolhia primeiro um alimento e depois outro, ao mesmo tempo que limitava a quantidade. Mas o prazer da comida me perseguia, por assim dizer. Quando eu desistia de uma e adotava outra, esta última me proporcionava um prazer maior do que a anterior. (AMG, p. 391-392)

A experiência me ensinou, porém, que é errado deter-se no prazer da comida. Não se deve comer para agradar ao paladar, mas somente para manter o corpo em movimento. Quando cada órgão do sentido serve ao corpo e, através do corpo, à alma, o prazer desaparece, e só então o corpo começa a funcionar de acordo com os desígnios originais da natureza.

Qualquer número de experiências é muito pequeno e nenhum sacrifício é grande demais para alcançar essa sinfonia com a natureza. Infelizmente, contudo, a corrente hoje em dia está indo na direção contrária. Não temos vergonha de sacrificar muitas outras vidas, enfeitando o corpo perecível e tentando prolongar sua existência por alguns momentos fugazes, mesmo que isso termine nos matando, tanto o corpo quanto a alma. (AMG, p. 392-393)

Minha primeira experiência de prisão foi em 1908. Vi que alguns dos regulamentos que os prisioneiros tinham de cumprir deveriam ser voluntariamente observados por um *brahmachari*,

Capítulo 1 – Autobiográfico

ou seja, alguém que desejava praticar autocontrole. Como, por exemplo, o regulamento que exigia que a última refeição terminasse antes do pôr do sol. Nem os prisioneiros indianos nem os africanos tinham permissão para tomar chá ou café. Eles podiam colocar sal na comida se quisessem, mas não podiam comer nada apenas para satisfazer o paladar. (AMG, p. 398)

No final, essas restrições foram modificadas, não sem dificuldade, mas ambas eram regras saudáveis de autocontrole. Limitações impostas por alguém de fora raramente têm sucesso, mas, quando são impostas pela própria pessoa, têm um efeito definitivamente benéfico. Então, logo após sair da prisão, decidi me impor as duas regras. Na medida do possível na época, parei de tomar chá e terminava minha última refeição antes do pôr do sol. Agora, a observância dessas regras não requer nenhum esforço de minha parte. (AMG, p. 398)

O jejum pode ajudar a refrear a paixão animal, mas somente se for empreendido com o objetivo de autocontrole. Alguns amigos meus sentiram que sua paixão animal e sua gula aumentavam em decorrência dos jejuns. Ou seja, o jejum é inútil se não for acompanhado de um desejo inabalável de autocontrole. (AMG, p. 406)

O jejum e a disciplina são, portanto, um dos meios para atingir o autocontrole, mas não o único. Se o jejum físico não for acompanhado de jejum mental, ele acabará em hipocrisia e desastre. (AMG, p. 406)

Na Fazenda Tolstói*, decidimos que os jovens não deveriam fazer o que os professores não faziam e, portanto, quando eles eram solicitados a fazer qualquer trabalho, sempre havia um professor

---

* A Fazenda Tolstói e a Colônia Phoenix foram os dois assentamentos ou *ashrams* fundados por Gandhi na África do Sul, onde ele e seus colaboradores levavam uma vida de autodisciplina e serviço.

cooperando e trabalhando com eles. Assim, tudo o que os jovens aprendiam, eles aprendiam com alegria. (AMG, p. 409)

Dos livros escolares, sobre os quais ouvimos muito, nunca senti falta. Não me lembro nem de ter feito muito uso dos livros que estavam disponíveis. Não me parecia necessário encher os meninos de livros. Sempre senti que o verdadeiro livro escolar do aluno é seu professor. Lembro-me muito pouco do que meus professores me ensinaram dos livros, mas até agora guardo a lembrança do que eles me ensinaram independentemente dos livros. As crianças absorvem muito mais e com menos trabalho pelos ouvidos do que pelos olhos. Não me lembro de ter lido nenhum livro inteiro com meus meninos. Mas lhes ofereci, na minha própria linguagem, tudo o que tinha absorvido da minha leitura de vários livros, e ouso dizer que eles ainda preservam essa lembrança. Era cansativo para eles guardar o que aprendiam dos livros, mas o que eu lhes dizia com minhas próprias palavras eles eram capazes de repetir com a maior desenvoltura. Ler era uma obrigação para eles, mas me escutar era um prazer, quando eu não os aborrecia com histórias desinteressantes. E a partir das perguntas que minhas conversas suscitavam, eu tinha uma medida de seu poder de compreensão. (AMG, p. 411-412)

Assim como o treinamento físico só se dá através do exercício físico, o treinamento do espírito só é possível através do exercício do espírito. E o exercício do espírito depende totalmente da vida e do caráter do professor. O professor tem de estar sempre atento aos seus modos, esteja ele no meio de seus alunos ou não. (AMG, p. 414)

Seria inútil, se eu fosse mentiroso, tentar ensinar os meninos a falar a verdade. Um professor covarde jamais conseguirá fazer com que seus alunos tenham coragem, e um professor que não sabe se controlar jamais conseguirá transmitir a seus alunos o valor do autocontrole. Vi, portanto, que devo ser uma lição prática

Capítulo 1 – Autobiográfico

eterna para os meninos e meninas que vivem comigo. Assim, eles se tornaram meus professores, e aprendi que devo ser bom e viver corretamente, nem que seja só pelo bem deles. Posso dizer que a crescente disciplina e a restrição que impus a mim mesmo na Fazenda Tolstói se deveram, sobretudo, àqueles sob a minha tutela.

Um deles era rebelde, indisciplinado, mentiroso e briguento. Numa determinada ocasião, ele fez um escândalo, e eu fiquei exasperado. Nunca puni meus meninos, mas daquela vez fiquei muito zangado. Tentei argumentar com ele, mas ele se mostrou inflexível e até tentou me sobrepujar. Por fim, peguei uma régua e bati com ela no braço dele. Tremi quando o acertei. Atrevo-me a dizer que ele percebeu isso. Essa foi uma experiência totalmente nova para todos eles. O menino gritou e implorou para ser perdoado, não pela dor do golpe, pois, sendo um jovem forte de dezessete anos, ele poderia, se quisesse, ter me retribuído na mesma moeda, mas porque ele percebeu minha dor ao ser levado a lançar mão desse recurso violento. Depois desse incidente, ele nunca mais me desobedeceu, mas ainda me arrependo dessa violência. Receio ter exposto naquele dia não o espírito, mas a brutalidade em mim.

Eu sempre me opus ao castigo físico. Lembro-me de uma ocasião apenas em que castiguei fisicamente um dos meus filhos. Portanto, até hoje, nunca soube se agi corretamente ou não ao usar aquela régua. Provavelmente não, pois fui motivado pela raiva e pelo desejo de punir. Se tivesse sido apenas uma expressão do meu desespero, eu me veria justificado. Mas o motivo nesse caso foi misto. (AMG, p. 414-415)

Casos de má conduta por parte dos meninos ocorreram com frequência depois disso, mas nunca recorri ao castigo físico. Assim, em meu esforço para transmitir treinamento espiritual aos meninos e meninas sob minha tutela, passei a entender cada vez melhor o poder do espírito. (AMG, p. 415)

Naquela época, tive que me mudar de Joanesburgo a Phoenix. Certa vez, quando eu estava em Joanesburgo, recebi a notícia da queda moral de dois internos do *ashram*. Notícias de um aparente fracasso ou contratempo na luta *satyagraha* não teriam me abalado, mas essa notícia caiu sobre mim como um raio. No mesmo dia, peguei o trem para Phoenix. (AMG, p. 418)

Durante a jornada, meu dever parecia claro para mim. Sentia que o guardião ou professor era responsável, ao menos até certo ponto, pelo lapso de seu tutelado ou aluno. Então, minha responsabilidade em relação ao incidente em questão era clara como a luz do dia. Minha esposa já havia me advertido sobre o assunto, mas, como eu era confiante por natureza, eu havia ignorado sua advertência. Senti que a única maneira de os culpados perceberem meu sofrimento e a profundidade de sua própria queda seria fazer penitência. Assim, impus a mim mesmo um jejum de sete dias e o voto de fazer somente uma refeição por dia durante um período de quatro meses e meio. (AMG, p. 418-419)

Minha penitência doía em todo mundo, mas limpava a atmosfera. Todos perceberam que coisa terrível era pecar, e o vínculo que me ligava aos meninos e meninas se tornou mais forte e verdadeiro. (AMG, p. 419)

Nunca recorri à inverdade em minha profissão e [...] grande parte da minha prática jurídica era em prol do trabalho público, pelo qual eu não cobrava nada, além das despesas essenciais, com as quais eu também arcava às vezes. [...] Como estudante, ouvi dizer que a profissão do advogado era uma profissão de mentiroso. Mas isso não me afetou, porque eu não tinha a intenção de ganhar posição nem dinheiro mentindo. [...] Meu princípio foi posto à prova diversas vezes na África do Sul. Com frequência, eu ficava sabendo que meus adversários haviam orientado suas testemunhas, e bastava que eu encorajasse meu cliente ou suas

Capítulo 1 – Autobiográfico

testemunhas a mentir para ganharmos o caso. Mas sempre resisti à tentação. Lembro-me apenas de uma ocasião em que, depois de ter ganhado um caso, suspeitei que meu cliente me enganara. No fundo do meu coração, sempre desejei vencer somente se os argumentos do meu cliente fossem verdadeiros. Ao determinar meus honorários, não me lembro de condicioná-los à minha vitória. Se meu cliente ganhasse ou perdesse, eu receberia somente os honorários acertados. Eu avisava logo a cada cliente novo que não toleraria mentiras, nem orientaria as testemunhas em nenhum sentido, e, assim, construí uma reputação tão boa que nenhum caso falso chegava a mim. De fato, alguns dos meus clientes passavam seus casos verdadeiros para mim e levavam os duvidosos para algum outro lugar. (AMG, p. 443-444)

Durante a minha vida profissional, também desenvolvi o hábito de jamais ocultar minha ignorância de meus clientes ou colegas. Sempre que me sentia desorientado, aconselhava meu cliente a consultar algum outro advogado. Essa franqueza me rendeu afeto e confiança sem limites de meus clientes, que pagavam a taxa sempre que uma consulta a um advogado sênior se fazia necessária. Esse carinho e confiança me foram muito úteis em meu trabalho público. (AMG, p. 449)

No final da luta *satyagraha* em 1914, recebi instrução de Gokhale de voltar para casa via Londres. [...] A guerra foi declarada no dia 4 de agosto. Chegamos a Londres no dia 6. (AMG, p. 421-423)

Senti que os indianos residentes na Inglaterra deveriam fazer sua parte na guerra. Estudantes ingleses haviam se voluntariado para servir no exército, e os indianos não deveriam ficar para trás. Várias objeções foram feitas a essa linha de raciocínio. Havia, dizia-se, muitas diferenças entre os indianos e os ingleses. Nós éramos escravos, e eles eram senhores de escravos. Como um escravo poderia colaborar com seu senhor na hora da necessidade deste? Não era dever do escravo, por querer ser livre, fazer da necessidade de seu senhor sua oportunidade? Esse argumento não me convenceu na época. Eu sabia da diferença de status entre um indiano e um inglês, mas não acreditava que tivéssemos sido reduzidos à escravidão. Sentia que a culpa era mais de oficiais britânicos individuais do que do sistema britânico em si, e que poderíamos convertê-los por meio do amor. Se podíamos melhorar nosso status com a ajuda dos britânicos, era nosso dever fazer por merecer essa ajuda ficando do lado deles num momento de dificuldade. Embora o sistema fosse falho, não me parecia intolerável como hoje. Mas se, após perder a fé no sistema, recuso-me a cooperar com o governo britânico hoje, como poderiam fazê-lo naquela época esses amigos, que tinham perdido a fé não apenas no sistema, mas também nos oficiais? (AMG, p. 424-425)

Eu achava que a necessidade da Inglaterra não deveria ser transformada em oportunidade para nós, e que era mais fácil e previdente não apresentar nossas demandas enquanto a guerra durasse. Portanto, fui coerente com meu discurso e convidei aqueles que se alistariam como voluntários. (AMG, p. 425)

Todos nós reconhecíamos a imoralidade da guerra. Se eu não estava preparado para processar meu agressor, muito menos estava disposto a participar de uma guerra, especialmente sem saber nada sobre o motivo ou a causa dos combatentes. Os amigos evidentemente sabiam que eu havia servido na Guerra dos Bôeres, mas eles achavam que minhas opiniões haviam mudado desde então. De fato, a mesma linha de raciocínio que me convenceu a participar da Guerra dos Bôeres me pesava nessa ocasião. Estava bem claro para mim que participar de uma guerra jamais seria coerente com o *ahimsa*. Mas nem sempre temos a mesma clareza em relação a nosso dever. Um devoto da verdade muitas vezes é obrigado a tatear no escuro. (AMG, p. 427)

Capítulo 1 – Autobiográfico

Ao recrutar homens para o trabalho de emergência na África do Sul e na Inglaterra e para o atendimento ao público na Índia, eu não ajudava a causa da guerra, mas a instituição chamada Império Britânico, em cujo caráter benéfico eu acreditava. Minha repugnância à guerra era tão forte quanto é hoje, e jamais empunharia um rifle. Mas nossa vida não segue uma linha reta: é um conjunto de deveres, muitas vezes conflitantes, e temos o tempo todo que fazer escolhas entre um dever e outro. Como cidadão, não um reformador conduzindo uma rebelião contra a instituição da guerra, tive de aconselhar e liderar homens que acreditavam na guerra, mas que, por covardia ou por motivos pessoais, ou, ainda, por raiva contra o governo britânico, abstiveram-se de se alistar. Não hesitei em avisá-los de que, enquanto acreditassem na guerra e professassem lealdade à constituição britânica, tinham o dever de apoiá-la, alistando-se. [...] Não acredito em retaliação, mas não hesitei em dizer aos aldeões perto de Bettia, há quatro anos, que eles, que não sabiam nada de *ahimsa*, eram culpados de covardia por não defenderem a honra de suas mulheres e suas propriedades com o uso de armas. E não hesitei [...], recentemente, em dizer aos hindus que, se eles não acreditam no *ahimsa* absoluto e não se sentem capazes de praticá-lo, eles serão culpados de crime contra sua religião e humanidade se deixarem de defender, com armas, a honra de suas mulheres contra um sequestrador que desejar levá-las. E todos esses conselhos e minha prática anterior considero não apenas coerentes com minha profissão da religião, que envolve o *ahimsa* absoluto, mas um resultado direto dela. Afirmar essa nobre doutrina é muito simples. Conhecê-la e praticá-la num mundo cheio de conflitos, turbulências e paixões é uma tarefa cuja dificuldade eu percebo cada vez mais, dia após dia. E, no entanto, a convicção de que sem ela a vida não vale a pena ser vivida está se aprofundando diariamente. (SB, p. 167-168)

Não há defesa para minha conduta pesando-a somente na balança do *ahimsa*. Não faço distinção entre aqueles que manejam as armas de destruição e aqueles que realizam o trabalho da Cruz Vermelha. Ambos participam da guerra e promovem sua causa. Ambos são culpados de crime de guerra. Mas, mesmo após muita introspecção durante todos esses anos, sinto que, nas circunstâncias em que me encontrava, eu estava inclinado a adotar a linha de conduta que adotei tanto durante a Guerra dos Bôeres quanto na Primeira Guerra Mundial, assim como na chamada "rebelião" Zulu de Natal, em 1906.

A vida é governada por uma grande quantidade de forças. A viagem seria tranquila se o indivíduo pudesse determinar o curso de suas ações com base num único princípio geral, cuja aplicação em qualquer momento carece de reflexão, por ser óbvia demais. Mas não consigo me lembrar de um único ato que pudesse ser tão facilmente determinado. Adepto convicto ao movimento de resistência à guerra, nunca aprendi a usar armas de destruição, apesar das oportunidades que tive. Foi talvez assim que escapei da destruição direta da vida humana. Mas enquanto eu vivesse num sistema de governo baseado na força e desfrutasse abertamente das muitas facilidades e privilégios que ele me trazia, eu tinha a obrigação de ajudar esse governo, na medida de minha capacidade, quando ele estivesse envolvido numa guerra, a menos que eu não cooperasse com ele e renunciasse, como pudesse, aos privilégios que ele me oferecia.

Darei um exemplo. Sou membro de uma instituição que possui alguns hectares de terra cujas lavouras estão em perigo iminente de uma invasão de macacos. Acredito que tudo na vida é sagrado e, portanto, considero uma quebra do *ahimsa* infligir qualquer dano aos bichos. Mas não hesito em incentivar e coordenar um ataque aos macacos para salvar a colheita. Eu gostaria de evitar esse mal. Poderia até evitá-lo, abandonando ou desmembrando a instituição. Não o faço porque não espero encontrar uma sociedade onde não haja agricultura nem destruição de alguma vida. Com medo, humildade e espírito penitente,

Capítulo 1 – Autobiográfico

participo, então, do dano infligido aos macacos, na esperança de algum dia encontrar uma saída.

Mesmo assim, participei dos três atos de guerra. Eu não poderia, seria loucura cortar minhas conexões com a sociedade à qual eu pertenço. E, nessas três ocasiões, não pensei em não cooperar com o governo britânico. Minha posição em relação ao governo é totalmente diferente hoje, e, portanto, não participaria voluntariamente de suas guerras e me arriscaria à prisão e até à forca se fosse forçado a pegar em armas ou participar de suas operações militares.

Mas isso ainda não resolve o impasse. Se havia um governo nacional, embora eu não fosse tomar parte direta em nenhuma guerra, posso conceber ocasiões em que seria meu dever votar para o treinamento militar daqueles que desejassem fazê-lo. Pois sei que seus membros não acreditam na não violência do mesmo modo que eu acredito. E não é possível coagir uma pessoa ou uma sociedade à não violência.

A não violência funciona de uma maneira muito misteriosa. É muito difícil analisar as ações de um homem nessa área. Suas ações podem parecer violentas, quando, na verdade, ele é absolutamente não violento no sentido mais elevado do termo, o que vem a ser verificado depois. Tudo o que posso alegar em relação à minha conduta é que ela foi motivada, nos exemplos citados, pela não violência. Não houve pensamento sórdido de interesse nacional ou qualquer outro. Eu não acredito na promoção do interesse nacional ou coisa que o valha em detrimento de algum outro interesse.

Não tenho como continuar com o meu argumento. A linguagem, na melhor das hipóteses, é um veículo precário para expressar plenamente nossos pensamentos. Para mim, a não violência não é um mero princípio filosófico. É a regra e o alento de minha vida. Sei que falho com frequência, às vezes conscientemente, quase sempre inconscientemente. Não é uma questão do intelecto, mas do coração. A verdadeira orientação vem da constante espera em Deus, da máxima humildade e abnegação, de estar sempre pronto para se sacrificar. Sua prática requer destemor e coragem da mais alta ordem. Estou penosamente ciente de minhas falhas.

Mas a Luz dentro de mim é firme e clara. Não há escapatória para nenhum de nós, exceto pela verdade e pela não violência. Eu sei que a guerra é um mal absoluto. Sei também que ela tem que deixar de existir. Acredito firmemente que a liberdade conquistada através do derramamento de sangue ou da fraude não é liberdade. Antes todas as acusações feitas contra mim fossem consideradas indefensáveis do que qualquer ato meu comprometesse a não violência ou que alguém pensasse que sou a favor de qualquer tipo de violência ou inverdade! Não a violência, não a inverdade, mas a não violência e a Verdade são a lei do nosso ser.

Young India, 13 de setembro de 1928 (SB, p. 168-170)

Estou consciente de minhas próprias limitações. Essa consciência é minha única força. O que quer que eu tenha sido capaz de realizar em minha vida foi resultado, mais do que qualquer outra coisa, da consciência de minhas próprias limitações.

Young India, 13 de novembro de 1924 (SB, p. 214)

Estou acostumado com a deturpação. Faz parte da vida de todo trabalhador público. Ele precisa ser forte. A vida seria um peso se todas as deturpações tivessem de ser respondidas e esclarecidas. Assumi como regra de vida nunca explicar deturpações, exceto quando a causa requer correção. Essa regra me poupou muito tempo e preocupação.

Young India, 13 de setembro de 1928 (SB, p. 214)

As únicas virtudes que quero reivindicar são a verdade e a não violência. Não reivindico poderes sobre-humanos. Não quero nada disso. Sou feito da mesma carne corruptível que o mais fraco de meus semelhantes e sou passível de errar como qualquer

Capítulo 1 – Autobiográfico

outro. Meu serviço tem muitas limitações, mas Deus até agora o abençoou apesar das imperfeições.

Pois, a confissão do erro é como uma vassoura que varre a sujeira e deixa a superfície mais limpa do que antes. Sinto-me mais forte pela minha confissão. E a causa deve prosperar para a reconstituição. Nunca um homem chegou ao seu destino persistindo em desviar-se do caminho correto.

Young India, 16 de fevereiro de 1922 (MT, II, p. 113)

O *mahatma* eu entrego à sua sorte. Embora seja um não colaborador, ficarei feliz em assinar um projeto de lei que incrimine quem me chamar de *mahatma* e tocar meus pés. Onde eu mesmo posso impor a lei, como no *ashram*, isso é crime.

Young India, 17 de março de 1927 (MT, II, p. 340)

Chegou o momento de encerrar estes capítulos. [...] Minha vida deste ponto em diante tem sido tão pública que dificilmente existe algo que as pessoas não saibam. [...] Minha vida é um livro aberto. Não tenho segredos e não incentivo segredos. (AMG, p. 614; *ver também* MM, p. 4)

A uniformidade da minha experiência me convenceu de que não há outro Deus além da Verdade. E se cada página destes capítulos não deixar evidente para o leitor que o único meio para a compreensão da Verdade é o *ahimsa*, considerarei todo o meu trabalho ao escrever estas linhas em vão. E, mesmo que meus esforços nesse sentido sejam infrutíferos, os leitores devem saber que o veículo, e não o grande princípio, é que é falho. (AMG, p. 615)

Desde o meu retorno à Índia, eu vivia a experiência das paixões latentes dentro de mim. Saber de sua existência me fazia sentir humilhado, embora não derrotado. A experiência me sustentava e me dava muita alegria. Mas sei que ainda tenho pela frente um difícil caminho a percorrer. Devo me anular completamente.

Enquanto o homem não se colocar, por livre e espontânea vontade, em último lugar entre seus semelhantes, não haverá salvação para ele. O *ahimsa* é o cúmulo da humildade. (AMG, p. 616)

Fiquei literalmente doente por causa da adoração da multidão irracional. Sentir-me-ia mais seguro se me cuspissem. Então, não haveria necessidade de confissão do erro de cálculo do tamanho do Himalaia e outros erros de cálculo, de reconstituição, de reorganização.

Young India, 2 de março de 1922 (MM, p. 7)

Não tenho desejo de prestígio em lugar nenhum. É mobília requerida em cortes de reis. Sou um servo dos muçulmanos, cristãos, parses e judeus, como sou dos hindus. E um servo precisa de amor, não de prestígio. Isso me é assegurado enquanto eu for um servo fiel.

Young India, 26 de março de 1925 (MM, p. 8)

De uma forma ou de outra, temo uma visita à Europa e à América. Não que eu desconfie dos povos desses magníficos continentes mais do que desconfio do meu próprio, mas desconfio de mim mesmo. Não tenho desejo de ir ao Ocidente em busca de saúde ou de turismo. Não tenho desejo de fazer discursos públicos. Detesto ser tratado como celebridade. Não sei se voltarei a ter saúde para suportar a terrível tensão dos discursos públicos e outros eventos do gênero. Se Deus alguma vez me mandasse para o Ocidente, eu deveria ir até lá para penetrar nos corações das massas, conversar tranquilamente com os jovens ocidentais e ter o privilégio de conhecer espíritos afins, amantes da paz a qualquer preço, exceto o da verdade.

Mas sinto que ainda não tenho nenhuma mensagem para entregar pessoalmente ao Ocidente. Acredito que a minha mensagem seja universal, mas por enquanto sinto que a melhor forma de transmiti-la é trabalhando no meu próprio país. Se eu

Capítulo 1 – Autobiográfico

puder mostrar sucesso na Índia, terei dado o meu recado. Se eu chegasse à conclusão de que a Índia não tem o que fazer com a minha mensagem, não me importaria de ir a outro lugar em busca de ouvintes, embora ainda tivesse fé nela. Se me aventurasse fora da Índia, o faria porque tenho fé, apesar de não poder demonstrá-lo para a satisfação de todos, em que a mensagem está sendo recebida pela Índia, mesmo que muito lentamente.

Assim, enquanto continuava, mesmo hesitante, a me corresponder com amigos que me convidaram, vi que havia necessidade de eu ir à Europa, nem que fosse para encontrar Romain Rolland. Devido à minha desconfiança em relação a uma visita geral, queria fazer da minha visita àquele sábio do Ocidente a principal causa de minha viagem à Europa. Portanto, referi minha dificuldade a ele e perguntei, da maneira mais franca possível, se ele me deixaria fazer com que meu desejo de conhecê-lo fosse a principal causa de minha visita à Europa. Ele disse que, em nome da própria verdade, não me deixará ir à Europa se uma visita a ele for a causa principal. Não me deixará interromper meus trabalhos aqui por causa de nossa reunião. Além dessa visita, eu não sentia dentro de mim nenhum chamado imperativo. Lamento minha decisão, mas parece ser a correta. Pois, enquanto nada me motiva a ir para a Europa, sei que há muito a fazer por aqui.

Mahatma II, c. abril de 1928 (MT, II, p. 417)

Considero-me incapaz de odiar qualquer ser na terra. Por meio de um longo processo de disciplina de orações, há mais de quarenta anos não odeio ninguém. Sei que é uma declaração e tanto, mas a faço com toda a humildade. De qualquer maneira, sou capaz de odiar e odeio o mal onde quer que ele exista. Odeio o sistema de governo que o povo britânico estabeleceu na Índia. Odeio a implacável exploração da Índia, assim como odeio, do fundo do meu coração, o terrível sistema de intocabilidade pelo qual milhões de hindus se tornaram responsáveis. Mas não odeio os ingleses dominadores, como me recuso a odiar os hindus dominadores. Procuro reformá-los pelos caminhos amorosos que estão abertos para mim.

Young India, 6 de agosto de 1928 (SB, p. 150)

Alguns dias atrás, um bezerro que havia sido mutilado, agonizava no *ashram*. Todos os cuidados e tratamentos possíveis foram dispensados a ele. O cirurgião consultado declarou que o caso estava além de qualquer ajuda ou esperança. O sofrimento do animal era tão grande que ele não conseguia nem virar de lado sem uma dor lancinante.

Nessas circunstâncias, senti que a humanidade exigia que a agonia terminasse com o término da própria vida. A questão foi colocada perante todo o *ashram*. Na discussão, um vizinho importante se opôs veementemente à ideia de matar, mesmo que fosse para acabar com a dor. A base de sua oposição era que não temos o direito de tirar a vida que não podemos criar. Seu argumento parecia-me inútil nesse caso. Ele teria razão se a ação fosse motivada pelo interesse próprio. Finalmente, com toda a humildade, mas com a mais clara convicção, recebi em minha presença um médico disposto a matar o bezerro administrando-lhe uma injeção letal. A coisa toda acabou em menos de dois minutos.

Eu sabia que a opinião pública, especialmente em Ahmedabad, não aprovaria minha ação e a condenaria como *himsa*. Mas sei também que o desempenho do nosso dever tem que ser independente da opinião pública. Eu sempre sustentei que somos obrigados a agir de acordo com o que parece ser certo, embora possa parecer errado para os outros. E a experiência mostrou que esse é o único caminho certo. É por isso que o poeta cantou: "O caminho do amor é a provação do fogo. Quem tem medo se afasta". O caminho do *ahimsa*, isto é, do amor, geralmente temos de trilhar sozinhos.

A questão pode ser legitimamente colocada para mim da seguinte maneira: eu aplicaria aos seres humanos o princípio que defendi em relação ao bezerro? Gostaria que ele fosse aplicado

Capítulo 1 – Autobiográfico

no meu caso? Minha resposta é "sim", a mesma lei é válida em ambos os casos. A lei de "o que vale para um vale para todos" não admite exceções, ou o assassinato do bezerro terá sido errado e violento. Na prática, porém, não abreviamos os sofrimentos de nossos entes queridos com a morte porque, de um modo geral, sempre temos à disposição meios para ajudá-los, e eles têm a capacidade de pensar e decidir por si mesmos. Mas no caso de um amigo moribundo, deitado sem consciência numa cama, se eu for incapaz de prestar qualquer auxílio e a recuperação estiver fora de questão, não vejo nenhum *himsa* em colocar um fim à sua agonia com a morte.

Assim como um cirurgião não comete *himsa*, mas pratica o mais puro *ahimsa* quando empunha seu bisturi, pode se fazer necessário, em algumas circunstâncias imperativas, dar um passo adiante e separar a vida do corpo pelo bem de quem estava sofrendo. Pode-se objetar que, enquanto o cirurgião realiza sua operação para salvar a vida do paciente, no outro caso fazemos exatamente o contrário. Mas, numa análise mais profunda, descobrir-se-á que o objetivo final em ambos os casos é o mesmo, a saber, aliviar a alma sofredora da dor. Num caso, isso é feito retirando a porção doente do corpo, no outro, retirando da alma o corpo que se tornou um instrumento de tortura para ela. Em ambos os casos, o propósito é aplacar a dor da alma, uma vez que o corpo, sem vida, é incapaz de sentir qualquer prazer ou dor. Podemos imaginar outros cenários em que não matar seria *himsa* e matar seria *ahimsa*. Suponha, por exemplo, que eu descubra que minha filha, cujo desejo no momento não tenho meios de averiguar, esteja ameaçada de violação e que não haja maneira de salvá-la. Nesse caso, seria a forma mais pura de *ahimsa*, de minha parte, pôr um fim à sua vida e me render à fúria do rufião enraivecido.

O problema com nossos devotos ao *ahimsa* é que eles fizeram do *ahimsa* um fetiche cego e colocaram grandes obstáculos no caminho da disseminação do verdadeiro *ahimsa* em nosso meio. A visão atual – e, na minha opinião, equivocada – de *ahimsa* entorpeceu nossa consciência e nos tornou insensíveis a uma série de outras formas mais insidiosas de *himsa*, como palavras duras, julgamentos severos, má vontade, raiva, despeito e desejo de crueldade; nos fez esquecer que pode haver muito mais *himsa* na lenta tortura de homens e animais, na fome e na exploração a que são submetidos por ganância egoísta, na desumana humilhação e opressão dos fracos e na destruição de seu amor-próprio, que testemunhamos ao nosso redor atualmente, do que em tirar a vida por mera benevolência. Alguém duvida, por um momento, que teria sido muito mais humano ter sumariamente matado aqueles que, no infame massacre de Amritsar, foram obrigados, por tortura, a rastejar como vermes? Se alguém quiser replicar dizendo que essas pessoas hoje em dia sentem o contrário, que elas não são piores por rastejar, não hesitarei em lhe dizer que não conhece nem mesmo os elementos do *ahimsa*. Surgem ocasiões na vida de um homem em que se torna imperativo cumpri-lo com o sacrifício de sua vida. Desconhecer esse fato fundamental da propriedade do homem é revelar ignorância em relação às bases do *ahimsa*. Por exemplo, um devoto da verdade rezaria a Deus para matá-lo se isso o fosse salvar de uma vida de falsidade. Da mesma forma, um devoto do *ahimsa*, de joelhos, imploraria que seu inimigo o matasse, em vez de humilhá-lo ou obrigá-lo a fazer coisas impróprias à dignidade de outro ser humano. Como cantou o poeta: "O caminho do Senhor é destinado a heróis, não a covardes".

Esse é o equívoco fundamental sobre a natureza e o alcance do *ahimsa*, essa confusão sobre os valores relativos, responsável pela nossa incapacidade de diferenciar um mero ato de não matar de *ahimsa* e pela assustadora quantidade de *himsa* que ocorre em nome de *ahimsa* em nosso país.

"The Fiery Ordeal", *Young India*, 1928 (MT, II, p. 421-423)

A verdade para mim é infinitamente mais valiosa do que a qualidade de *mahatma*, que não passa de um fardo. É o conhecimento de minhas limitações e de minha nulidade que me salvou até hoje

Capítulo 1 – Autobiográfico

da opressão do título de *mahatma*. Dói-me saber que meu desejo de continuar a vida no corpo me envolve em constante *himsa*, e é por isso que estou ficando cada vez mais indiferente a este meu corpo físico. Por exemplo, sei que no ato da respiração destruo inumeráveis germes invisíveis flutuando no ar. Mas não paro de respirar. O consumo de vegetais envolve *himsa*, mas não tenho como deixar de consumi-los. Há *himsa* no uso de antissépticos, mas não consigo abrir mão de inseticidas, como o querosene, para me livrar da praga do mosquito e coisas do gênero. Aceito que cobras sejam mortas no *ashram* quando é impossível pegá-las e colocá-las num lugar em que já não representem perigo. Tolero até o uso de varas para conduzir os bois no *ashram*. Assim, a lista de *himsa* que cometo, direta ou indiretamente, não tem fim. E agora me vejo diante desse problema dos macacos. Devo assegurar ao leitor que não tenho a mínima pressa em tomar uma medida extrema e matá-los. Na verdade, não sei nem se conseguiria matá-los em algum momento, mesmo que eles destruíssem todas as plantações do *ashram*. Se, como resultado desta minha confissão, os amigos decidissem me dar como um caso perdido, sinto muito, mas nada me induzirá a esconder minhas imperfeições na prática do *ahimsa*. Tudo o que posso dizer é que estou incessantemente tentando entender as implicações de grandes ideais como o *ahimsa* e procurando praticá-los em pensamentos, palavras e ações, e não sem uma certa medida de sucesso, como me parece. Mas sei que ainda tenho uma longa distância a percorrer nessa direção.

"*The Fiery Ordeal*", *Young India, 1928* (MT, II, p. 425-426)

Sou um pobre mendigo. Minhas posses terrenas consistem em seis rodas de fiar, louças da prisão, uma lata de leite de cabra, seis tangas e toalhas simples e minha reputação, que não pode valer muito.*

Mahatma III, 11 de setembro de 1931 (MT, III, p. 142)

---

* Para o funcionário da alfândega em Marselha, 11 de setembro de 1931.

Quando me vi atraído para o campo político, perguntei a mim mesmo o que era necessário para que eu permanecesse alheio à imoralidade, à inverdade, ao que é conhecido como ganho político. Cheguei à conclusão de que, para servir às pessoas em cujo meio minha vida estava lançada e de cujas dificuldades eu era uma testemunha no dia a dia, eu deveria renunciar a toda e qualquer riqueza.

Não posso dizer, sem faltar com a verdade, que abandonei tudo assim que passei a acreditar naquilo. Devo confessar que, no início, o progresso foi lento. E agora, ao recordar aqueles dias de luta, vejo também que foi doloroso no começo. Mas, com o passar dos dias, vi que precisava jogar fora muitas outras coisas que considerava minhas, e chegou um momento em que largar essas coisas me trazia alegria. Uma depois da outra, então, em progressão quase geométrica, as coisas escapuliam de mim. E, ao descrever minhas experiências agora, posso dizer que tirei um grande fardo dos ombros. A partir desse momento, senti que podia caminhar com facilidade e fazer meu trabalho a serviço de meus semelhantes também com grande tranquilidade e mais alegria ainda. A posse de qualquer coisa naquela época se tornava um incômodo e um fardo.

  Explorando a causa dessa alegria, descobri que, para manter qualquer coisa como minha, eu teria que defendê-la contra o mundo inteiro. Verifiquei que muitas pessoas não tinham o que eu tinha, embora quisessem ter. E eu precisaria procurar ajuda policial se algumas pessoas famintas me encontrassem num lugar deserto e quisessem não apenas dividir comigo minhas posses, mas tirá-las de mim. E eu disse a mim mesmo: se eles querem tanto a ponto de pegar o que é meu, não o fazem por algum motivo escuso, mas simplesmente porque sua necessidade é maior do que a minha.

  E eu disse a mim mesmo: a posse me parece um crime. Eu só posso ter certas coisas se souber que outros, que desejam coisas semelhantes, também podem ter. Mas sabemos, e cada um de nós pode falar por experiência, que isso é impossível. Portanto,

Capítulo 1 – Autobiográfico

a única coisa que todos podem possuir é a não possessão, ou seja, absolutamente nada. Em outras palavras, uma rendição voluntária. [...] Desse modo, tendo essa convicção absoluta em mim, meu desejo constante é que este corpo também possa ser entregue quando Deus assim o desejar, e, enquanto estiver à minha disposição, possa ser usado não para dissipação, autoindulgência ou prazer, mas apenas para serviço e mais serviço durante todo o seu tempo acordado. E se isso vale para o corpo, imagine para roupas e outras coisas que usamos!

E aqueles que seguiram esse voto de pobreza voluntária ao máximo (alcançar a perfeição absoluta é impossível, mas estamos nos referindo ao máximo possível para um ser humano), aqueles que alcançaram o ideal desse estado testemunham que quando nos desfazemos de tudo o que possuímos, na verdade, possuímos todos os tesouros do mundo.

Discurso proferido no Guild Hall, Londres, 27 de setembro de 1931 (MT, III, p. 155-157)

Desde minha juventude, aprendi a arte de estimar o valor das escrituras com base em seus ensinamentos éticos. Os milagres não me interessavam. Os milagres que dizem ter sido realizados por Jesus, mesmo que eu acreditasse neles literalmente, não me fariam seguir nenhum ensinamento que não satisfizesse a ética universal. De algum modo, palavras proferidas por mestres religiosos têm para mim – como, presumo, para milhões de pessoas – uma força que as mesmas palavras proferidas por simples mortais não têm.

Jesus, para mim, é um grande mestre mundial entre outros. Ele era para os devotos de sua geração, sem dúvida, "o único filho de Deus". Sua crença não precisa ser a minha. Ele não influencia menos a minha vida por eu considerá-lo como um entre os muitos filhos únicos de Deus. O adjetivo "único" tem um significado muito mais profundo e possivelmente mais grandioso do que de nascimento espiritual. Em seu tempo, ele era o mais próximo de Deus.

Jesus expiou os pecados daqueles que aceitaram seus ensinamentos sendo um exemplo infalível para eles. Mas o exemplo não valeu de nada para aqueles que nunca se preocuparam em mudar a própria vida. Um indivíduo regenerado supera a mancha original, assim como o ouro purificado supera a liga metálica original.

Confessei, da maneira mais franca, muitos pecados. Mas não carrego o fardo deles nos meus ombros. Se estou viajando em direção a Deus, como sinto que estou, tudo está seguro. Pois sinto o calor do sol de Sua presença. Minhas austeridades, jejuns e orações são, eu sei, sem valor, se eu confiar nisso para me reformar. Mas eles têm um valor inestimável se representarem, como espero que representem, os anseios de uma alma esforçando-se para repousar a cabeça cansada no colo de seu Criador.

Harijan, 18 de abril de 1936 (MT, IV, p. 93)

Um amigo inglês tem me perseguido nos últimos trinta anos tentando me convencer de que não há nada além de condenação no hinduísmo e de que devo aceitar o cristianismo. Quando eu estava na prisão, recebi, de diferentes pessoas, nada menos do que três exemplares de *A vida de Santa Teresinha*, na esperança de que eu seguisse seu exemplo e aceitasse Jesus como o filho unigênito de Deus e meu Salvador. Li o livro como se fosse uma prece, mas não pude aceitar nem mesmo o testemunho de Santa Teresinha. Devo dizer que tenho uma mente aberta, se de fato, nessa fase e idade da minha vida, puder ser dito que tenho a mente aberta sobre essa questão. De qualquer forma, afirmo ter uma mente aberta no sentido de que, se acontecesse comigo o que aconteceu com Saulo antes de ele se tornar Paulo, eu não hesitaria em me converter. Mas hoje me revolto com o cristianismo ortodoxo, pois estou convencido de que ele distorceu a mensagem de Jesus. Ele era um asiático cuja mensagem foi transmitida através de muitos meios de comunicação, e quando teve o respaldo de um imperador romano, tornou-se uma fé imperialista, como continua

Capítulo 1 – Autobiográfico

sendo até hoje. É claro que existem exceções nobres, mas raras, mas a tendência geral é a que eu indiquei.
Mahatma, vol. III, conversa com sir C.V. Raman e o professor Rahm, maio de 1936 (MT, IV, p. 95)

Minha mente é estreita. Não li muita literatura. Não vi muito do mundo. Concentrei-me em certas coisas da vida e além disso não tenho outro interesse.
Mahatma, vol. VI, Conferência de imprensa, 28 de setembro de 1944, após a conclusão das conversas Gandhi-Jinnah (MT, IV, p. 356)

Não tenho a menor sombra de dúvida de que qualquer homem ou qualquer mulher pode alcançar o que eu alcancei se ele ou ela fizer o mesmo esforço e cultivar a mesma esperança e fé.
Harijan, 3 de outubro de 1936 (SB, p. 216)

Creio que conheço a arte de viver e morrer sem violência, mas ainda me falta demonstrá-lo com um ato perfeito.
Mahatma Gandhi, The Last Phase, de Pyarelal, setembro de 1947 (MGP, II, p. 475)

Não existe isso de "gandhismo" e não quero deixar nenhuma seita atrás de mim. Não criei nenhum princípio ou doutrina nova. O que fiz foi simplesmente tentar, ao meu modo, aplicar as verdades eternas ao nosso dia a dia e aos nossos problemas cotidianos. Não há, portanto, nenhuma questão quanto a eu deixar algum código, como o Código de Manu. Não pode haver comparação entre aquele grande legislador e a minha pessoa. As opiniões que formulei e as conclusões a que cheguei não são definitivas, posso mudá-las amanhã. Não tenho nada de novo para ensinar ao mundo. A verdade e a não violência são tão antigas quanto as montanhas. Tudo o que fiz foi lançar-me a experiências nessas duas áreas, buscando o maior alcance possível. Ao fazer isso, às vezes errei e aprendi com meus erros. A vida e seus problemas tornaram-se, assim, experiências na prática da verdade e da não violência. Por instinto, consegui ser verdadeiro, mas não posso dizer o mesmo da não violência. Como um jainista *muni* disse certa vez com razão, eu não era tão devoto do *ahimsa* como eu era da verdade, e coloquei esta em primeiro lugar e aquele em segundo. Pois, como ele disse, eu era capaz de sacrificar a não violência em prol da verdade. Na realidade, foi no curso da minha busca da verdade que descobri a não violência. Nossas escrituras declararam que não há *dharma* mais elevado do que a verdade. Mas a não violência, dizem elas, é o dever mais alto. A palavra *dharma*, na minha opinião, tem diferentes conotações, conforme usada nos dois aforismos.

Bem, toda a minha filosofia, se ela puder ser chamada por esse nome pretensioso, está contida no que eu disse. Mas não a chamem de "gandhismo". Não há "ismo" nenhum aí. E não há necessidade de bibliografias ou propagandas elaboradas. As escrituras foram citadas contra mim, mas me mantive fiel à posição de que a verdade não pode ser sacrificada por nada. Aqueles que acreditam nas verdades simples que apresentei só podem propagá-las vivendo de acordo com elas. As pessoas riram da minha roda de fiar, e um crítico mordaz observou que, quando eu morresse, as rodas serviriam para fazer a pira funerária. Isso, no entanto, não abalou minha firme fé na roda de fiar. Como posso convencer o mundo, por meio de livros, de que todo o meu programa construtivo está enraizado na não violência? Só a minha vida pode demonstrar isso.

Mahatma, vol. IV, Reunião da Gandhi Seva Sangh, de 29 de fevereiro a 6 de março de 1936 (MT, IV, p. 66-67)

Vocês me deram um professor com Thoreau, que me forneceu, com o ensaio "Dever de desobediência civil", a confirmação científica sobre o que eu estava fazendo na África do Sul. A Grã--Bretanha me deu Ruskin, cujo *Unto This Last* transformou-me,

Capítulo 1 – Autobiográfico

da noite para o dia, de um advogado urbano para um habitante do campo, vivendo longe de Durban numa fazenda, a cinco quilômetros da estação de trem mais próxima. E os russos me deram com Tolstói um professor que me forneceu uma base razoável para minha não violência. Tolstói abençoou meu movimento na África do Sul quando ele ainda engatinhava e cujas maravilhosas possibilidades eu ainda antevia. Foi ele quem profetizou em sua carta que eu estava liderando um movimento destinado a levar uma mensagem de esperança aos povos oprimidos da Terra. Assim, vocês verão que não me aproximei da atual tarefa em espírito de inimizade com a Grã-Bretanha e o Ocidente. Depois de ter absorvido e assimilado a mensagem de *Unto This Last*, eu não poderia ser culpado por aprovar o fascismo ou o nazismo, cujo culto é a supressão do indivíduo e de sua liberdade.

Mahatma, vol. VI, "To American Friends", 3 de agosto de 1942 (MT, VI, p. 177)

Não tenho segredos próprios nesta vida. Dominei minhas fraquezas. Se eu sentisse qualquer tipo de inclinação sexual, teria coragem de confessar. Foi quando desenvolvi aversão à relação sexual, mesmo com minha própria esposa, e já havia me testado o suficiente, que assumi o voto de *brahmacharya* em 1906, e isso para poder me dedicar melhor ao serviço do país. A partir daquele dia, teve início minha vida aberta. [...] E a partir daquele dia em que assumi o voto de *brahmacharya*, nossa liberdade começou. Minha esposa tornou-se uma mulher livre, livre da minha autoridade como seu senhor e mestre, e eu me tornei livre da minha escravidão ao meu próprio desejo, que ela tinha de satisfazer. Nenhuma outra mulher tinha qualquer atração por mim no sentido que minha esposa tinha. Eu era leal demais a ela como marido e fiel demais à promessa que fizera à minha mãe para ser escravo de qualquer outra mulher. Mas a maneira pela qual meu *brahmacharya* veio a mim acabou me atraindo irresistivelmente à mulher como a mãe do homem. [...] Meu *brahmacharya* não sabia nada das leis ortodoxas que governam sua observância. Eu elaborava minhas próprias regras conforme a ocasião. Mas nunca acreditei que todo contato com a mulher deveria ser evitado para a devida observância do *brahmacharya*. Aquela restrição que exige abstenção de todo contato, não importa quão inocente, com o sexo oposto é um crescimento forçado, tendo pouco ou nenhum valor vital. Portanto, os contatos naturais para o serviço nunca foram restringidos. E acabei me tornando confidente de muitas irmãs, europeias e indianas, na África do Sul. Quando convidei as irmãs indianas da África do Sul para se juntarem ao movimento de resistência civil, eu já fazia parte do grupo. Descobri que eu estava especialmente preparado para servir às mulheres. Para resumir a história, a meu ver fascinante, meu retorno à Índia me fez entrar em contato imediato com as mulheres da Índia. O fácil acesso que eu tinha a seus corações era uma revelação muito gratificante para mim. As irmãs muçulmanas nunca mantiveram a *purdah* em minha presença aqui, assim como não o faziam na África do Sul. Eu durmo no *ashram* cercado por mulheres, porque elas se sentem seguras comigo em todos os aspectos. Cabe ressaltar que não há privacidade no *ashram* de Segaon.

Se eu me sentisse sexualmente atraído por mulheres, teria coragem suficiente, mesmo neste momento da vida, para me tornar um polígamo. Eu não acredito em amor livre – secreto ou aberto. Amor livre aberto é o amor do cachorro. Amor secreto é pior do que covardia.

Mahatma, vol. V, "My Life", outubro-novembro de 1939
(MT, V, p. 241-242)

"Você não conseguiu levar nem seu filho junto", escreveu um correspondente. "Não seria bom, portanto, que você se contentasse em colocar sua própria casa em ordem?"

Essa declaração poderia ser considerada uma provocação, mas não a encarei dessa maneira. Porque essa pergunta já havia me ocorrido antes mesmo de ser feita a qualquer outra pessoa. Acredito

Capítulo 1 – Autobiográfico

em encarnações e reencarnações anteriores. Todos os nossos relacionamentos são o resultado dos *samskaras* que carregamos de nossas encarnações anteriores. As leis de Deus são insondáveis e são objeto de uma busca sem fim. Ninguém é capaz de compreendê-las. É assim que vejo o caso do meu próprio filho. Considero o nascimento de um filho mau para mim como resultado do meu passado iníquo, seja nesta vida ou de numa vida anterior. Meu primeiro filho nasceu quando eu me encontrava em estado de paixão. Além disso, ele cresceu enquanto eu também estava crescendo e ainda me conhecia muito pouco. Não estou dizendo que me conheço plenamente hoje, mas certamente me conheço melhor do que naquela época. Durante anos ele permaneceu afastado de mim, e sua criação não estava inteiramente em minhas mãos. É por isso que ele sempre viveu sem rumo. Sua queixa contra mim sempre foi que eu o sacrifiquei, junto com seus irmãos, no altar do que eu equivocadamente acreditava ser o bem público. Meus outros filhos vieram mais ou menos com a mesma acusação contra mim, mas com uma boa dose de hesitação, e acabaram sendo generosos em me perdoar. Meu filho mais velho foi vítima direta das minhas experiências, mudanças radicais na minha vida, e, portanto, ele não consegue esquecer o que considera erros meus. Nessas circunstâncias, creio que sou eu mesmo a causa da perda do meu filho e, portanto, aprendi pacientemente a suportar a situação. E, no entanto, não é correto dizer que o perdi. Pois rezo sempre para que Deus possa fazê-lo enxergar o erro de seus caminhos e perdoar minhas deficiências, se houver, em servi-lo. Acredito piamente que o homem está se elevando por natureza, e por isso não perdi a esperança de que, algum dia, ele acorde de seu sono e ignorância. Assim, ele faz parte do meu campo de experimentos de não violência. Quando ou se terei sucesso, nunca me preocupei em saber. Ficarei satisfeito se não me deixar esmorecer e continuar fazendo o que sei ser meu dever.

Harijan, julho de 1940 (MT, V, p. 378-379)

Li um recorte de jornal enviado por um correspondente dizendo que ergueram um templo onde minha imagem está sendo adorada. Considero isso uma forma grosseira de idolatria. A pessoa que construiu o templo desperdiçou seus recursos por utilizá-los mal, os aldeões que frequentam o lugar enganam-se, e eu estou sendo insultado pelo fato de toda a minha vida ter sido caricaturada naquele templo. O significado que dei para a adoração foi distorcido. A adoração do *charkha* reside em usá-lo para ganhar a vida, ou como um sacrifício para introduzir o *swaraj*. O Gita é adorado não por meio de uma recitação mecânica, mas pela decisão de seguir seus ensinamentos. A recitação é algo benéfico e apropriado apenas como ajuda para a ação em consonância com os ensinamentos. Um homem é adorado somente na medida em que ele é seguido não em suas fraquezas, mas em sua força. O hinduísmo é degradado quando levado ao nível da adoração da imagem de um ser vivo. Nenhum homem pode ser considerado bom antes de sua morte. Depois da morte também, ele é bom para quem acredita que ele tinha certas qualidades atribuídas a ele. De fato, só Deus conhece o coração do homem, e, portanto, o mais seguro não é adorar uma pessoa, viva ou morta, mas a perfeição que reside apenas em Deus, conhecida como Verdade. Surge, então, a questão: a posse de fotografias não é uma forma de adoração que não tem mérito algum? Eu já disse isso antes em meus escritos. No entanto, tenho tolerado a prática, já que se tornou uma moda inocente, embora cara. Mas essa tolerância se tornará ridícula e nociva se eu der, direta ou indiretamente, qualquer incentivo à prática descrita acima. Seria um alívio bem--vindo se o dono do templo removesse a imagem e convertesse o prédio num centro de fiação, onde os pobres vão cardar e fiar por salários, e os outros, por sacrifício, e todos usarão *khaddar*. Este será o ensinamento do Gita em ação e uma verdadeira adoração a ele e a mim.

"*A Temple to Gandhi*", *Harijan*, abril de 1946 (MT, VII, p. 100)

Capítulo 1 – Autobiográfico

Minhas imperfeições e fracassos são uma bênção de Deus tanto quanto meus sucessos e talentos, e coloco tudo a Seus pés. Por que Ele me escolheria, instrumento imperfeito, para uma experiência tão poderosa? Acho que Ele fez de propósito. Ele tinha que servir aos milhões de pobres ignorantes. Um homem perfeito poderia causar-lhes desespero. Quando eles descobriram que alguém com suas falhas estava marchando em direção ao *ahimsa*, também tiveram confiança em sua própria capacidade. Não teríamos reconhecido um homem perfeito se ele tivesse vindo como nosso líder, e talvez o tivéssemos levado a uma caverna. Que aquele que me segue seja mais perfeito e vocês sejam capazes de receber sua mensagem.
Harijan, 21 de julho de 1940 (MGP, II, p. 801)

Fiquei paralisado quando soube que uma bomba atômica havia destruído Hiroshima e disse a mim mesmo: "A menos que o mundo adote agora a não violência, isso significará um suicídio para a humanidade".
Mahatma Gandhi, The Last Phase, 1945 (MGP, II, p. 808)

Não me ponho a julgar o mundo por seu grande número de erros. Sendo eu mesmo imperfeito e precisando de tolerância e caridade, tolero as imperfeições do mundo até encontrar ou criar uma oportunidade para uma repreensão frutífera.
Mahatma, I, parte da explicação de Gandhi para sua participação na Primeira Guerra Mundial, dada "alguns anos mais tarde". (MT, I, p. 285)

Quando eu tiver me tornado incapaz de praticar o mal e nenhum tipo de hostilidade ou arrogância ocupar, mesmo que por um instante, meu mundo de pensamentos, então, e só então, minha não violência moverá todos os corações do mundo.
Young India, 2 de julho de 1925 (MGP, II, p. 800)

Se alguém se fundiu completamente com Ele, deveria se contentar em deixar o bem e o mal, o sucesso e o fracasso para Ele e não se preocupar com nada. Sinto que não atingi esse estado e, portanto, minha luta está incompleta.

Mahatma Gandhi, The Last Phase, setembro de 1947
(MGP, II, p. 453)

Há um estágio na vida em que um homem não precisa anunciar seus pensamentos, muito menos mostrá-los por meio de ação. Meros pensamentos são como atos. Eles têm esse poder. Então, pode-se dizer que sua aparente inação é sua ação. [...] Minha luta é nesse sentido.

Harijan, 26 de outubro de 1947 (MGP, II, p. 463)

Eu adoraria tentar responder a uma pergunta que me foi enviada por mais de um quarto do mundo. A pergunta é: como você pode explicar a crescente violência entre o seu próprio povo por parte dos partidos políticos para a promoção de fins políticos? É este o resultado dos trinta anos de prática não violenta para acabar com o domínio britânico? Sua mensagem de não violência ainda é válida para o mundo? Sintetizei os sentimentos de meus correspondentes em minhas próprias palavras.

Em resposta, devo confessar minha falência, não a da não violência. Eu já disse que a não violência que foi apresentada nos últimos trinta anos foi a dos fracos. Se esta é uma resposta boa ou não, cabe aos outros julgar. Deve-se admitir ainda que essa não violência não pode ter nenhum efeito em circunstâncias alteradas. A Índia não tem experiência na não violência dos fortes. Não adianta eu continuar repetindo que a não violência dos fortes é a força mais poderosa do mundo. A verdade exige demonstração constante e prolongada. É o que estou me esforçando para fazer, da melhor forma possível. E se a melhor forma possível não for suficiente? Não estaria vivendo no paraíso dos tolos? Por que deveria pedir às pessoas que me

Capítulo 1 – Autobiográfico

sigam numa busca infrutífera? São questões pertinentes. Minha resposta é bem simples. Não peço a ninguém que me siga. Cada um deve seguir sua própria voz interior. Se não tiver ouvidos para ouvi-la, deve fazer o melhor que puder. Em nenhum caso ele deve imitar os outros do rebanho.

Outra pergunta tem sido feita com frequência. Se você tem certeza de que a Índia está indo na direção errada, por que você se associa com quem está fazendo errado? Por que você não segue seu próprio caminho e confia que, se estiver certo, seus antigos amigos e seus seguidores o procurarão? Uma pergunta muito boa. Não devo tentar argumentar contra o que foi posto. Tudo o que posso dizer é que minha fé está mais forte do que nunca. É bem possível que minha técnica seja falha. Existem antigos precedentes, já comprovados, para guiar o indivíduo numa complexidade dessas. Contudo, ninguém deve agir mecanicamente. Assim, posso dizer a todos os meus conselheiros que eles devem ter paciência comigo e até mesmo compartilhar minha crença de que não há esperança para este mundo sofrido, exceto através do caminho da não violência. Milhões, como eu, podem não conseguir provar a verdade em suas próprias vidas. Isso seria seu fracasso, nunca o da lei eterna.

Mahatma, VIII, 15 de junho de 1947 (MT, VIII, p. 22-23)

A divisão ocorreu apesar de mim. Doeu-me, mas o que me doeu mais foi a maneira como a divisão se deu. Eu havia me comprometido a ir até o fim na tentativa de suprimir a atual conflagração. Amo toda a humanidade como amo meus próprios compatriotas, porque Deus habita o coração de todo ser humano, e aspiro a alcançar as mais elevadas realizações na vida através do serviço humanitário. É verdade que a não violência que praticamos foi a não violência dos fracos, ou seja, nenhuma não violência. Mas afirmo que não foi isso que apresentei aos meus compatriotas. Tampouco lhes apresentei a arma da não violência porque eles eram fracos, não tinham treinamento militar ou estavam desarmados, mas porque meu estudo da história me ensinou que o ódio e a violência usados em qualquer que seja a causa nobre só se reproduzem, e em vez de trazer paz a comprometem. Graças à tradição de nossos antigos videntes, sábios e santos, se existe uma herança que a Índia pode compartilhar com o mundo é o evangelho de perdão e fé, que ela detém com orgulho. Acredito que, no futuro, a Índia contraporá isso à ameaça de destruição que o mundo tem atraído para si mesmo pela descoberta da bomba atômica. A arma da verdade e do amor é infalível, mas há algo errado em nós, seus devotos, que nos fez sucumbir à presente luta suicida. Estou, portanto, tentando me examinar.

Mahatma Gandhi, The Last Phase, 9 de junho de 1947
(MGP, II, p. 246)

Passei por muitas provações na vida, mas talvez esta seja a mais dura. Eu gosto disso. Quanto mais difícil se torna a situação, mais cresce a minha comunhão com Deus e mais profunda se torna minha fé em Sua graça abundante. Enquanto isso continuar, sei que está tudo bem comigo.

Mahatma Gandhi, The Last Phase, 9 de junho de 1947
(MGP, II, p. 246)

Se eu fosse um homem perfeito, reconheço, não sentiria a miséria dos vizinhos como sinto. Como homem perfeito, eu os observaria, prescreveria um remédio e os obrigaria a tomá-lo pela força da Verdade, inquestionável em mim. Mas, por enquanto, só enxergo através de um vidro escuro e, portanto, carrego minha convicção por processos lentos e laboriosos, e nem sempre com sucesso. [...] Eu seria menos humano se, mesmo ciente da miséria evitável que impregna o planeta [...], eu não sentisse todo o sofrimento dos milhões de ignorantes da Índia.

Young India, 17 de novembro de 1921 (MGP, II, p. 324)

Capítulo 1 – Autobiográfico

Quero declarar ao mundo que, seja lá o que for dito em contrário, e embora eu possa ter perdido a consideração e até mesmo a confiança de muitos no Ocidente – e curvo-me diante disso –, mas até pela amizade deles ou pelo amor deles, não devo suprimir essa voz interior chamada consciência ou o impulso de minha natureza básica interna. Há algo dentro de mim me impelindo a expressar minha agonia. Eu sei exatamente o que é. Aquilo em mim que nunca me engana me diz agora: "Você tem que ficar contra o mundo todo, mesmo que tenha que ficar sozinho. Você tem que encarar o mundo de frente, mesmo que o mundo o encare com olhos sanguinários. Não tema. Confie nessa coisinha que reside no seu coração e diz: Abandone amigos, esposa, tudo, mas seja um testemunho daquilo pelo que viveu e pelo que deve morrer".
My nonviolence, de M.K. Gandhi (MM, p. 16)

Minha alma se recusa a ficar satisfeita enquanto for testemunha, impotente, de um único erro ou infelicidade. Mas não é possível para mim, um ser fraco, frágil e miserável, consertar todos os erros ou me libertar da culpa por todo o mal que vejo. O espírito em mim puxa para um lado, a carne em mim puxa no sentido contrário. A liberdade da ação dessas duas forças existe, mas essa liberdade só se alcança em estágios lentos e dolorosos. Não tenho como atingir a liberdade recusando-me, mecanicamente, a agir, mas apenas pela ação inteligente, de uma forma imparcial. Essa luta se resolve numa crucificação incessante da carne para que o espírito se torne inteiramente livre.
Young India, 17 de novembro de 1921 (MGP, II, p. 324)

Eu acredito na mensagem da verdade entregue por todos os professores religiosos do mundo. E rezo sempre para que eu nunca tenha um sentimento de raiva contra meus ofensores, que mesmo que eu seja vítima da bala de um assassino, possa entregar minha alma com a lembrança de Deus nos lábios. Ficarei contente em ser

considerado um impostor se meus lábios proferirem uma palavra de raiva ou abuso contra o meu agressor no último momento.
De um discurso-oração, verão de 1947 (MGP, II, p. 101)

Terei a não violência dos bravos em mim? Só minha morte mostrará isso. Se alguém me matasse e eu morresse com uma prece pelo assassino nos lábios e a lembrança de Deus e a consciência de Sua presença viva no santuário do meu coração, só então se poderia dizer que tive a não violência dos bravos.
Discurso-oração, 16 de junho de 1947 (MGP, II, p. 327)

Eu não quero morrer [...] de uma paralisia gradual de minhas faculdades, como um homem derrotado. A bala de um assassino pode pôr fim à minha vida. Aceito isso. Mas eu adoraria, acima de tudo, desaparecer cumprindo meu dever até o último suspiro.
Conversa privada, fevereiro de 1947 (MGP, I, p. 562)

Não anseio pelo martírio, mas se ele me aparecer no caminho do que considero ser o dever supremo em defesa da fé que professo, [...] eu o terei merecido.
Harijan, 29 de junho de 1934 (MM, p. 9)

Já sofri agressões na vida no passado, mas Deus me poupou até agora, e os agressores se arrependeram de sua ação. Mas se alguém atirasse em mim julgando que está se livrando de um patife, ele mataria não o verdadeiro Gandhi, mas o que lhe parecia um patife.
The Bombay Chronicle, 9 de agosto de 1942 (MM, p. 9)

Se eu morrer de uma doença prolongada, ou até mesmo de um mero furúnculo ou empola, será seu dever proclamar ao mundo, mesmo correndo o risco de fazer as pessoas ficarem com raiva de você, que eu não era o homem de Deus que alegava ser. Se você fizer isso, meu espírito ficará em paz. Anote isso também: Se alguém desse um fim à minha vida atravessando-me o corpo

Capítulo 1 – Autobiográfico

com uma bala, como alguém tentou fazer outro dia com uma bomba, e eu recebesse essa bala sem gemido, pronunciando o nome de Deus como último suspiro, só assim terei feito jus à minha reivindicação.*
    29 de janeiro de 1948, a um assistente (MGP, II, p. 766)

Se alguém tentasse pegar meu corpo numa procissão depois de morto, eu certamente lhe diria, se meu cadáver pudesse falar, para me poupar e me cremar onde morri.
    3 de setembro de 1947 (MGP, II, p. 417)

Depois que eu for embora, nenhuma pessoa será capaz de me representar completamente, mas um pouco de mim viverá em muitos de vocês. Se cada um colocar a causa primeiro e a si mesmo por último, o vazio será, em grande parte, preenchido.
    Tradição oral, "Gandhi costumava nos dizer" (MGP, II, p. 782)

Eu não quero reencarnar, mas se eu tiver de reencarnar, quero nascer intocável, para poder compartilhar suas tristezas, sofrimentos e humilhações, a fim de me esforçar para libertar a mim e a eles dessa condição miserável.
    Young India, 4 de maio de 1921 (SB, p. 238)

---

* Isso foi dito na noite de 29 de janeiro de 1948, menos de vinte horas antes de ele ser baleado.

Capítulo 2

Religião e verdade

Quando falo de religião, não me refiro à religião formal ou à religião costumeira, mas àquela religião que fundamenta todas as religiões, que nos coloca frente a frente com nosso Criador.
Citação de M.K. Gandhi, de J. J. Dake, publicado em 1909
(MM, p. 85)

Deixe-me explicar o que quero dizer com religião. Não é a religião hindu, que certamente prezo acima de todas as outras religiões, mas a religião que transcende o hinduísmo, que transforma nossa própria natureza, que nos liga indissoluvelmente à verdade interior e a tudo aquilo que purifica. É o elemento permanente na natureza humana, que não considera nenhum preço muito alto para encontrar expressão plena e que deixa a alma totalmente inquieta até que se encontre, conheça seu Criador e aprecie a verdadeira correspondência entre o Criador e ela mesma.
Young India, 12 de maio de 1920 (SB, p. 223)

Não O vi, nem O conheci. Fiz da fé do mundo em Deus a minha própria fé, e como essa fé é indelével, considero-a como sendo uma experiência. Contudo, como se pode dizer que descrever a fé como experiência é adulterar a verdade, talvez seja mais correto dizer que não tenho palavras para caracterizar minha crença em Deus. (AMG, p. 341)

Há um Poder misterioso indefinível que permeia tudo. Sinto-o, embora não o veja. É esse poder invisível que se faz sentir e, no entanto, não há como provar, porque é muito diferente de tudo

o que percebo com meus sentidos. Ele transcende os sentidos. Mas é possível racionalizar a existência de Deus até certo ponto.
Young India, 11 de outubro de 1928 (MM, p. 21)

Percebo vagamente que, enquanto tudo ao meu redor está sempre mudando, sempre morrendo, há por trás de tudo o que muda um Poder Vivo imutável, que unifica tudo, que cria, desfaz e recria. Esse Poder ou Espírito que permeia tudo é Deus. E como nada mais do que percebo somente através dos sentidos tem capacidade de continuar sendo, somente Ele é.
Young India, 11 de outubro de 1925 (MM, p. 22)

E este Poder é benevolente ou malevolente? Considero-o puramente benevolente. Pois vejo que no meio da morte persiste a vida, no meio da inverdade persiste a verdade, no meio da escuridão persiste a luz. Daí concluo que Deus é Vida, Verdade, Luz. Ele é amor. Ele é o Deus Supremo.
Young India, 11 de outubro de 1925 (MM, p. 22)

Sei também que nunca conhecerei a Deus se não lutar contra o mal, mesmo à custa da própria vida. Fortalece-me na crença minha própria experiência, humilde e limitada. Quanto mais puro tento me tornar, mais próximo de Deus me sinto. Imagina quão próximo estarei Dele quando minha fé não for uma mera desculpa, como é hoje, mas tiver se tornado tão imutável quanto os Himalaias e tão branca e brilhante quanto a neve em seus picos!
Young India, 11 de outubro de 1925 (MM, p. 22)

Essa crença em Deus tem de ser baseada na fé que transcende a razão. De fato, mesmo a chamada "compreensão" tem no fundo um elemento de fé sem o qual não pode ser sustentada. Na própria natureza das coisas, deve ser assim. Quem pode transgredir as limitações do seu ser? Afirmo que a compreensão completa é impossível nesta vida encarnada. Tampouco é necessária. Uma fé viva e inabalável é tudo o que é preciso para alcançar a plena elevação espiritual possível para os seres humanos. Deus não está fora deste nosso mundo terreno. Portanto, provas externas não têm muita utilidade, se é que têm alguma. Sempre falharemos em percebê-Lo através dos sentidos, porque Ele está além deles. Podemos senti-Lo, se nos afastarmos dos sentidos. A música divina está sempre tocando dentro de nós, mas o barulho dos sentidos abafa a música delicada, que é diferente e infinitamente superior a qualquer coisa que possamos perceber ou ouvir com nossos sentidos.

Harijan, 13 de junho de 1936 (MM, p. 22-23)

Mas Ele não é um Deus que meramente satisfaz o intelecto, se é que o faz. Deus, para ser Deus, deve governar o coração e transformá-lo. Ele deve Se expressar até no menor ato de Seus devotos. Isso só pode acontecer por meio de uma compreensão clara, mais real do que aquela produzida pelos cinco sentidos. As percepções sensoriais podem ser, e muitas vezes são, falsas e enganosas, por mais reais que possam parecer para nós. A compreensão alheia aos sentidos é infalível. Isso está provado não por evidência externa, mas pela transformação da conduta e do caráter daqueles que sentiram a presença real de Deus dentro de si. Esse testemunho pode ser encontrado nas experiências de uma linhagem ininterrupta de profetas e sábios, em todos os países e climas. Rejeitar essa evidência é negar a si mesmo.

Young India, 11 de outubro de 1928 (SB, p. 9)

Para mim, Deus é Verdade e Amor; Deus é ética e moralidade; Deus é destemor. Deus é a fonte de Luz e Vida e, ainda assim, Ele está acima e além de tudo isso. Deus é consciência. Ele é até o ateísmo do ateu. [...] Ele transcende a fala e a razão. [...] Ele é um Deus pessoal para aqueles que precisam de Sua presença pessoal. Ele está corporificado para aqueles que precisam de Seu toque. Ele é a essência mais pura. Ele simplesmente é para aqueles que têm fé. Ele é tudo para todos os homens. Ele está em nós e, ainda assim, acima e além de nós. [...] Ele é longânime. Ele é paciente, mas também é terrível. [...] Para Ele, a ignorância não é desculpa. E, além disso, Ele perdoa sempre, porque sempre nos dá a chance de nos arrependermos. Ele é o maior democrata que o mundo conhece, pois nos deixa livres para fazer nossa própria escolha entre o mal e o bem. Ele é o maior tirano já conhecido, pois frequentemente tira a taça de nossos lábios e, sob o disfarce do livre-arbítrio, nos deixa uma margem totalmente inadequada, proporcionando alegria somente para Si mesmo. Portanto, o hinduísmo diz que tudo é Seu esporte.

Young India, 5 de março de 1925 (MGP, I, p. 421-422)

Para ver o Espírito da Verdade universal e onipresente face a face, devemos ser capazes de amar a criatura mais mesquinha como a nós mesmos. E um homem que aspira a isso não pode se dar ao luxo de se manter fora de qualquer âmbito da vida. É por isso que minha devoção à verdade me atraiu para o âmbito político, e posso dizer sem a menor hesitação, e ainda com toda a humildade, que aqueles que dizem que a religião não tem nada a ver com a política não sabem o que significa religião. (AMG, p. 615)

A identificação com tudo o que vive é impossível sem autopurificação. Sem autopurificação, a observância da lei do *ahimsa* será um sonho vazio. Deus jamais será compreendido por alguém que não é puro de coração. A autopurificação, portanto, deve significar purificação em todas as esferas da vida. E como a purificação é altamente contagiosa, a purificação de si mesmo necessariamente levará à purificação do entorno. (AMG, p. 615-616)

Mas o caminho da autopurificação é difícil e íngreme. Para alcançar a pureza perfeita, é preciso tornar-se absolutamente livre de paixão em pensamentos, palavras e ações; elevar-se

Capítulo 2 – Religião e verdade

acima das correntes do amor e do ódio, do apego e da repulsão. Sei que ainda não tenho em mim essa pureza tripla, apesar do incessante esforço que faço para alcançá-la. É por isso que os elogios do mundo não me comovem. Na verdade, muitas vezes me doem. Conquistar as paixões sutis parece-me muito mais difícil do que a conquista física do mundo pela força das armas.
(AMG, p. 616)

Sou apenas uma pobre alma lutando para ser totalmente boa – totalmente verdadeira e totalmente não violenta em pensamentos, palavras e ações –, mas que sempre falha em alcançar o ideal que sei ser verdadeiro. É uma escalada dolorosa, mas a dor do processo é prazerosa para mim. Cada degrau conquistado me faz sentir mais forte e apto para o próximo.
Young India, 19 de abril de 1925 (SB, p. 8)

Estou me esforçando para ver Deus através do serviço à humanidade, pois sei que Deus não está nem no céu, nem na terra, mas em cada um.
Young India, 4 de agosto de 1927 (MM, p. 24)

De fato, a religião deve permear cada uma de nossas ações. Aqui religião não significa sectarismo. Significa uma crença num governo moral ordenado do universo. Não é menos real porque não se vê. Tal religião transcende o hinduísmo, o islamismo, o cristianismo etc. Não os suplanta: harmoniza-os, dando-lhes realidade.
Harijan, 10 de fevereiro de 1940 (SB, p. 224)

As religiões são diferentes estradas que convergem para o mesmo ponto. O que importa que tomemos caminhos diferentes, se alcançaremos o mesmo objetivo? Na realidade, existem tantas religiões quanto indivíduos.
Indian Home Rule, 1909 (SB, p. 224)

Se um homem atingir o coração de sua própria religião, ele também terá atingido o coração dos outros.
Indian Home Rule, 1909 (SB, p. 225)

Enquanto houver religiões diferentes, cada uma delas pode precisar de algum símbolo distintivo. Mas quando o símbolo é transformado em fetiche e um instrumento para provar a superioridade de uma religião sobre as outras, ele só serve para a lata de lixo.
Indian Home Rule, 1909 (SB, p. 225)

Após longo estudo e experiência, cheguei à conclusão de que (1) todas as religiões são verdadeiras; (2) todas as religiões contêm algum erro; (3) todas as religiões são quase tão importantes para mim quanto o meu próprio hinduísmo, na medida em que todos os seres humanos são tão importantes para mim quanto os meus parentes próximos. Minha veneração por outras fés é a mesma que pela minha própria fé. Portanto, nenhum pensamento de conversão é possível.
Relatório da primeira reunião anual de irmandades internacionais, Sbarmati, 1928 (SB, p. 226-227)

Deus criou crenças diferentes, assim como os seus devotos. Como posso secretamente abrigar o pensamento de que a fé do meu próximo é inferior à minha e desejar que ele desista de sua fé e abrace a minha? Como um amigo verdadeiro e leal, eu só posso desejar e rezar que ele consiga viver e crescer em sua própria fé. Na casa de Deus há muitas mansões, todas igualmente sagradas.
Harijan, 20 de abril de 1934 (SB, p. 228)

Que ninguém, nem por um momento, alimente o medo de que um estudo reverente de outras religiões possa enfraquecer ou abalar sua própria fé. O sistema hindu de filosofia considera que todas as religiões contêm os elementos da verdade em si e ordena uma atitude de respeito e reverência para com todas elas. Isso,

Capítulo 2 – Religião e verdade

naturalmente, pressupõe consideração pela própria religião. O estudo e a valorização de outras religiões não precisam causar um enfraquecimento dessa consideração. Pelo contrário, devem estendê-la a outras religiões.

Young India, 6 de dezembro de 1928 (SB, p. 226)

É melhor permitir que nossas vidas falem por nós em vez de nossas palavras. Deus não carregou a cruz somente 1900 anos atrás: Ele a carrega ainda hoje, e morre e ressuscita todo dia. Seria difícil para o mundo depender de um Deus histórico que morreu há 2 mil anos. Não pregue, então, o Deus da história, mas mostre a Deus que Ele está vivo hoje através de você.

Young India, 11 de agosto de 1927 (SB, p. 227-228)

Não acredito em pessoas dizendo aos outros sobre sua fé, especialmente com vistas à conversão. A fé não admite transmissão nesse sentido. Ela tem de ser vivida e, então, passa a se propagar sozinha.

Young India, 20 de outubro de 1927 (SB, p. 228)

O conhecimento divino não vem dos livros. Tem que ser realizado em nós mesmos. Os livros são, na melhor das hipóteses, uma ajuda, muitas vezes até um obstáculo.

Young India, 17 de julho de 1924 (SB, p. 228)

Acredito na verdade fundamental de todas as grandes religiões do mundo. Acredito que todas elas foram dadas por Deus e acredito que elas foram necessárias para as pessoas a quem foram reveladas. E acredito que, se ao menos pudéssemos ler as escrituras das diferentes crenças do ponto de vista dos seguidores dessas crenças, descobriríamos que, no fundo, elas são todas uma única coisa e que todas são úteis umas para as outras.

Harijan, 16 de fevereiro de 1934 (MM, p. 84)

A crença em um só Deus é a pedra angular de todas as religiões, mas não prevejo uma época em que haverá somente uma religião sendo praticada na terra. Em tese, como só há um Deus, só pode haver uma religião. Mas, na prática, não conheço duas pessoas que tenham a mesma concepção de Deus. Portanto, talvez sempre haja diferentes religiões, em resposta a diferentes temperamentos e condições climáticas.
Harijan, 2 de fevereiro de 1934 (MM, p. 84)

Acredito que todas as grandes religiões do mundo são, em algum grau, verdadeiras. Digo "em algum grau" porque acredito que tudo o que a mão humana toca, em razão do próprio fato de os seres humanos serem imperfeitos, se torna imperfeito. A perfeição é um atributo exclusivo de Deus e é indescritível, intraduzível. Acredito que seja possível para todo ser humano se tornar perfeito, assim como Deus é perfeito. É necessário que aspiremos à perfeição, mas quando esse estado abençoado é alcançado, ele se torna indescritível, indefinível. E, portanto, admito, com toda a humildade, que até mesmo os Vedas, o Alcorão e a Bíblia são a palavra imperfeita de Deus, e, como somos seres imperfeitos, influenciados por uma infinidade de paixões, é impossível que compreendamos essa palavra de Deus em sua plenitude.
Young India, 22 de setembro de 1925 (MM, p. 82)

Não acredito na divindade exclusiva dos Vedas. Acredito que a Bíblia, o Alcorão e o Avesta são tão divinamente inspirados quanto os Vedas. Minha crença nas escrituras hindus não requer que eu aceite todas as palavras e todos os versos como provindos de inspiração divina. [...] Eu me recuso a ser limitado por qualquer interpretação, por mais culta que seja, se ela for repugnante à razão ou ao senso moral.
Young India, 6 de outubro de 1921 (MM, p. 86)

Capítulo 2 – Religião e verdade

Templos, mesquitas, igrejas... Não faço distinção entre essas diferentes moradas de Deus. Elas são o que a fé fez delas. São uma resposta ao anseio do homem de alcançar, de alguma forma, o Invisível.

Harijan, 18 de março de 1933 (MM, p. 96)

A oração salvou minha vida. Sem ela, eu já seria um lunático há muito tempo. Tive as mais amargas experiências públicas e privadas, que me lançaram em desespero temporário. Se consegui me livrar desse desespero, foi por causa da oração. Ela não fez parte da minha vida como a verdade. Surgiu por absoluta necessidade, já que me encontrava numa situação em que não poderia ser feliz sem ela. E com o passar do tempo, minha fé em Deus aumentou, e mais irresistível se tornou o anseio pela oração. A vida parecia chata e vazia sem ela. Eu havia frequentado o serviço cristão na África do Sul, mas não me senti cativado. Não conseguia me juntar a eles nisso. Eles suplicavam a Deus, e eu não conseguia. Fracassei flagrantemente. Comecei com uma descrença em Deus e na oração, e, até tarde na vida, não senti nenhum vazio. Mas, naquela época, senti que, como a comida é indispensável para o corpo, a oração era indispensável para a alma. Na verdade, a comida para o corpo não é tão necessária como a oração para a alma. Pois a fome muitas vezes é necessária para manter o corpo saudável, mas não existe fome de oração. Não existe excesso de oração. Três dos maiores mestres do mundo, Buda, Jesus e Maomé, deixaram um testemunho incontestável de que encontraram iluminação através da oração e não poderiam viver sem ela. Milhões de hindus, muçulmanos e cristãos encontram seu único consolo na vida em oração. Ou os chamamos de mentirosos, ou de iludidos. Pois direi que essa "mentira" tem um certo encanto para mim, que sou um buscador da verdade, uma vez que foi a "mentira" que me deu o esteio sem o qual eu não poderia viver nem por um momento. Apesar do desespero me encarando no horizonte político, nunca perdi minha paz. Aliás, encontrei pessoas que invejam minha paz. Essa paz vem da oração. Não sou um homem de aprendizagem, mas humildemente afirmo ser um homem de oração. Sou indiferente quanto à forma. Cada um tem uma lei para si mesmo a esse respeito. Mas há algumas estradas bem sinalizadas e é seguro caminhar pelas sendas trilhadas pelos antigos mestres. Dei meu testemunho pessoal. Que cada indivíduo tente e descubra que, como resultado da oração diária, ele acrescentará algo novo à sua vida.

Mahatma, III, 1931 (MT, III p. 139-140)

O objetivo final do homem é a compreensão de Deus, e todas as suas atividades, políticas, sociais e religiosas, devem ser guiadas pelo objetivo final da visão de Deus. O serviço imediato de todos os seres humanos se torna uma parte necessária do esforço simplesmente porque a única maneira de encontrar Deus é vê-Lo em sua criação e ser um com Ele. Isso só pode ser alcançado pelo serviço de todos e em nosso próprio país. Sou uma parte do todo, e não posso encontrá-Lo senão no resto da humanidade. Meus compatriotas são meus vizinhos mais próximos. Eles se tornaram tão desesperançados, tão desprovidos de recursos, tão inertes que devo me concentrar em servi-los. Se eu pudesse me convencer de que O encontraria numa caverna do Himalaia, eu iria para lá imediatamente. Mas sei que não tenho como encontrá-Lo fora da humanidade.

Mahatma, IV, 1936 (MT, IV p. 108-109)

É uma tragédia que, atualmente, "religião" para nós signifique apenas restrições de comida e bebida, adesão a um sentimento de superioridade e inferioridade. Devo dizer que não pode haver ignorância maior do que essa. O nascimento e a observância de formas não podem determinar a superioridade e a inferioridade do indivíduo. O caráter é o único fator determinante. Deus não criou homens com o emblema de superioridade ou inferioridade. Nenhuma escritura que rotule um ser humano como inferior ou

Capítulo 2 – Religião e verdade

intocável por causa de seu nascimento pode exigir nossa lealdade. Isso é uma negação de Deus e da Verdade que é Deus.

Mahatma, III, 1934 (MT, III p. 343)

Estou convicto de que todas as grandes religiões do mundo são verdadeiras, são ordenadas por Deus e servem ao propósito de Deus e daqueles que foram criados nesses ambientes e nessas religiões. Não acredito que chegará um momento em que poderemos dizer que existe só uma religião no mundo. De certo modo, mesmo hoje existe uma única religião fundamental no mundo. Mas não existe linha reta na natureza. A religião é uma árvore com muitos ramos. Como ramos, podemos dizer que as religiões são muitas, mas, como árvore, a religião é apenas uma.

Mahatma, III, 1934 (MT, III p. 300)

Se um cristão viesse a mim e dissesse que está fascinado com a leitura do Bhagavat e, assim, quer se declarar hindu, eu lhe diria: "Não. O que o Bhagavat oferece, a Bíblia também oferece. Você não fez a tentativa de descobrir isso. Faça a tentativa e seja um bom cristão".

Mahatma, III, 1936 (MT, IV p. 121)

Não concebo a religião como uma das muitas atividades da humanidade. A mesma atividade pode ser governada pelo espírito de religião ou de irreligião. Portanto, não existe para mim essa história de deixar a política pela religião. A meu ver, toda e qualquer atividade é governada pelo que considero ser minha religião.

The Diary of Mahadev Desai (DM, p. 138)

Não pode haver nenhuma dúvida de que esse universo de seres sensíveis é governado por uma Lei. Se você pode pensar em Lei sem o seu Legislador, eu diria que a Lei é o Legislador, que é Deus. Quando oramos à Lei, simplesmente desejamos conhecer a Lei e obedecê-la. Nós nos tornamos aquilo que desejamos. Daí a necessidade de oração. Embora nossa vida presente seja governada por nosso passado, nosso futuro, por essa mesma lei de causa e efeito, será resultado do que fazemos agora. Portanto, na medida em que temos uma escolha entre dois ou mais caminhos, devemos fazer essa escolha. Por que o mal existe, e o que é o mal são questões que parecem estar além de nossa razão limitada. Basta saber que tanto o bem quanto o mal existem. E, como muitas vezes podemos distinguir entre o bem e o mal, devemos escolher um e evitar o outro.

The Diary of Mahadev Desai (DM, p. 227-228)

Aqueles que acreditam na orientação de Deus fazem o melhor que podem e nunca se preocupam. O sol jamais sofreu de sobrecarga de trabalho e, ainda assim, ninguém labuta com tanta regularidade quanto ele! E por que deveríamos pensar que o sol é inanimado? A diferença entre ele e nós pode ser que ele não tem livre-arbítrio, e nós temos uma pequena margem de escolha, por menor que seja. Mas chega de especulação desse tipo. É suficiente para nós que tenhamos seu exemplo brilhante em matéria de energia incansável. Se nos rendermos completamente à Sua vontade e realmente nos tornarmos *nulidades*, também desistiremos voluntariamente do direito de escolha e, então, não precisaremos de desgaste.

Bapu's letters to Mira (BM, p. 171)

Sim, há assuntos em que a razão não pode nos levar longe e temos que aceitar as coisas com fé. A fé não contradiz a razão, mas a transcende. A fé é uma espécie de sexto sentido que funciona em casos que estão além do alcance da razão. Pois bem. Com base nesses três critérios, não tenho dificuldade em examinar todas as alegações feitas em nome da religião. Assim, crer que Jesus é o filho unigênito de Deus é, para mim, contra a razão, pois Deus não pode Se casar e gerar filhos. A palavra "filho" só pode ser usada em sentido figurado. Dessa forma, todos os que estão na

posição de Jesus são filhos unigênitos de Deus. Se um homem está espiritualmente a quilômetros de distância de nós, podemos dizer que ele é, em certo sentido, o filho de Deus, embora todos nós sejamos filhos de Deus. Repudiamos esse relacionamento em nossas vidas, enquanto a vida dele é um testemunho desse relacionamento.
Bapu's letters to Mira (MT, IV, p. 167-168)

Deus não é uma pessoa. [...] Deus é uma força. Ele é a essência da vida. Ele é consciência pura e imaculada. Ele é eterno. E, no entanto, por incrível que pareça, nem todos conseguem obter benefícios ou abrigo na presença viva que tudo permeia.

A eletricidade é uma força poderosa. Nem todos conseguem se beneficiar dela. Ela só pode ser produzida se seguirmos certas leis. Em si, ela é uma força sem vida, mas o homem poderá utilizá-la se trabalhar o suficiente para adquirir o conhecimento de suas leis.

A força viva que chamamos de Deus pode ser encontrada da mesma forma se conhecermos e seguirmos Sua lei, que leva à descoberta Dele em nós.
Mahatma, IV, 1937 (MGP, I, p. 599)

Para buscar a Deus, não é necessário ir em peregrinação ou acender lâmpadas e queimar incensos, ou ungir a imagem da divindade ou pintá-la de vermelho. Porque Ele reside em nosso coração. Se pudéssemos obliterar completamente em nós a consciência do nosso corpo físico, nós O veríamos frente a frente.
Mahatma Gandhi, Pyarelal, 1946 ou 1947 (MGP, II, p. 247)

Nenhuma busca é possível sem algumas suposições viáveis. Se não concedemos nada, não encontramos nada. Desde o início, o mundo, incluindo o sábio e o tolo, partiu da suposição de que, se existimos, Deus existe, e que, se Deus não existe, nós não existimos. E como a crença em Deus coexiste com a humanidade, a existência de Deus é tratada como um fato mais concreto do que o fato de que o sol existe. Esta fé viva resolveu um grande número de enigmas da vida, aliviou nossa miséria, nos sustenta na vida, é nosso consolo na morte. A própria busca da Verdade se torna interessante e gratificante por causa dessa crença. Mas a busca da Verdade é a busca de Deus. A Verdade é Deus. Deus existe porque a Verdade existe. Embarcamos na busca porque acreditamos que existe a Verdade e que ela pode ser encontrada pela busca diligente e pela observância meticulosa das regras de busca conhecidas e comprovadas. Não há registro na história de fracasso em tal busca. Até os ateus, que dizem que não acreditam em Deus, acreditam na Verdade. O truque deles foi dar a Deus um outro nome, não novo. Seus nomes são muitos. A Verdade é a coroa de todos eles.

O que é verdade em relação a Deus é verdade, embora num grau menor, em relação à suposição da verdade de algumas moralidades fundamentais. De fato, elas estão baseadas na crença em Deus ou na Verdade. Um afastamento delas aterrou seus dissidentes em infindável miséria. Dificuldade de prática não deve ser confundida com descrença. Uma expedição ao Himalaia também tem suas condições prescritas de sucesso. A dificuldade de cumprir as condições não torna a expedição impossível. Apenas acrescenta interesse e entusiasmo à busca. Bem, essa expedição em busca de Deus ou da Verdade é infinitamente maior do que inumeráveis expedições ao Himalaia e, portanto, muito mais interessante. Se não temos entusiasmo é por causa da fraqueza de nossa fé. O que enxergamos com nossos olhos físicos é mais real para nós do que a única Realidade. Sabemos que as aparências enganam. E, no entanto, tratamos as trivialidades como realidades. Ver as trivialidades como tal já é metade da batalha ganha. Constitui mais da metade da busca da Verdade ou de Deus. A menos que nos desprendamos dessas trivialidades, não temos nem mesmo tempo livre para a grande busca, ou ela deve ser reservada para nossas horas de lazer?

Mahatma, III, conversa privada, 1934 (MT, III, p. 359-360)

Capítulo 2 – Religião e verdade

Existem inúmeras definições de Deus, porque inúmeras são Suas manifestações. Elas me enchem de espanto e admiração e, por um momento, me aturdem. Mas adoro a Deus somente como Verdade. Ainda não O encontrei, mas O estou buscando. E estou preparado para sacrificar as coisas mais importantes para mim nessa busca. Mesmo que o sacrifício exigido seja a minha própria vida, espero estar preparado para isso. Mas enquanto eu não tiver compreendido essa Verdade Absoluta, apoio-me na verdade relativa como a concebi. (AMG, p. 6)

Frequentemente, em meu progresso, tenho tido pequenos vislumbres da Verdade Absoluta, Deus, e todo dia tem crescido em mim a convicção de que somente Ele é real e todo o resto é irreal. Aqueles que assim o desejarem perceberão que essa convicção cresceu em mim e poderão compartilhar minhas experiências e também minha convicção, na medida do possível. Tem crescido em mim também a convicção de que tudo o que é possível para mim é possível até mesmo para uma criança, e tenho boas razões para dizer isso. Os instrumentos para a busca da Verdade são tão simples quanto difíceis. Eles podem parecer impossíveis para uma pessoa arrogante e totalmente possíveis para uma criança inocente. O buscador da verdade deve ser mais humilde do que o pó. (AMG, p. 6-7)

Se tivéssemos alcançado a visão completa da Verdade, não seríamos mais meros buscadores, mas teríamos nos tornado um com Deus, porque a Verdade é Deus. Mas como somos apenas buscadores, persistimos em nossa busca e estamos conscientes de nossa imperfeição. E se somos imperfeitos, a religião conforme concebida por nós também deve ser imperfeita. Não compreendemos a religião em sua perfeição, assim como não compreendemos a Deus. A religião de nossa concepção, sendo assim imperfeita, está sempre sujeita a um processo de evolução. E se todas as fés delineadas pelos homens são imperfeitas, a questão do mérito comparativo não tem lugar. Todas as religiões constituem uma revelação da Verdade, mas todas são imperfeitas e passíveis de erro. A reverência por outras religiões não precisa nos cegar para suas falhas. Devemos estar bem cientes dos defeitos de nossa própria religião também, mas não a abandonar por conta disso. Ao contrário, devemos tentar superar essas falhas. Se olharmos para todas as religiões com o mesmo olhar, não apenas não hesitaremos, mas consideraremos nosso dever fundir em nossa fé todas as características aceitáveis de outras crenças.

Assim como uma árvore tem um só tronco, mas muitos ramos e folhas, também existe uma única Religião verdadeira e perfeita, que se torna muitas à medida que passa ao meio humano. A Religião única está além de qualquer expressão. Homens imperfeitos colocam-na em palavras para que possam comandar, e suas palavras são interpretadas por outros homens igualmente imperfeitos. Que interpretação deve ser considerada correta? Todo mundo está certo do seu próprio ponto de vista, mas não é impossível que todos estejam errados. Daí a necessidade de tolerância, que não significa indiferença à própria fé, mas um amor mais inteligente e puro por ela. A tolerância nos dá uma percepção espiritual, que é tão distante do fanatismo quanto o polo Norte do polo Sul. O verdadeiro conhecimento da religião derruba as barreiras entre uma fé e outra.

Yeranda Mandir, 1935 (SB, p. 225)

Creio que todos podemos nos tornar mensageiros de Deus se deixarmos de temer o homem e buscarmos somente a Verdade de Deus. Eu realmente acredito que estou buscando apenas a Verdade de Deus e perdi todo o medo do homem.

Young India, 25 de maio de 1921 (MM, p. 23)

Não tenho nenhuma revelação especial da vontade de Deus. Minha firme convicção é que Ele se revela diariamente a todo ser humano, mas fechamos nossos ouvidos para a "vozinha

silenciosa". Fechamos nossos olhos para a "coluna de fogo" na nossa frente.
Young India, 25 de maio de 1921 (MM, p. 23)

Devo ir [...] com Deus como meu único guia. Ele é um Senhor ciumento. Não permitirá que ninguém compartilhe Sua autoridade. Portanto, devemos nos apresentar diante Dele com todas as nossas fraquezas, de mãos vazias e num espírito de completa rendição, e então Ele permitirá que nos apresentemos diante do mundo inteiro e nos protegerá de todo mal.
Young India, 3 de setembro de 1931 (MM, p. 24)

Se eu não sentisse a presença de Deus dentro de mim, vejo tanta miséria e decepção todos os dias que eu seria um maníaco delirante e meu destino seria o rio Hooghly.
Young India, 6 de agosto de 1925 (MM, p. 24)

Num sentido estritamente científico, Deus está na base do bem e do mal. Ele controla a adaga do assassino não menos do que o bisturi do cirurgião. Mas, para propósitos humanos, o bem e o mal são distintos e incompatíveis um em relação ao outro, simbolizando luz e trevas, Deus e Satanás.
Harijan, 20 de fevereiro de 1937 (MM, p. 27)

Estou mais seguro de Sua existência do que do fato de você e eu estarmos sentados nesta sala. Posso declarar também que sou capaz de viver sem ar e sem água, mas não sem Ele. Você pode arrancar meus olhos, que isso não me matará, mas destrua minha fé em Deus e estou morto. Você pode chamar isso de superstição, mas confesso que é uma superstição que abraço, assim como fazia com o nome Rama na infância, quando havia qualquer motivo de perigo ou alarme. Foi o que uma velha enfermeira me ensinou. (MM, p. 27)

Somente quando nos reduzimos a nada podemos conquistar o mal em nós. Deus exige nada menos do que completa rendição de si como preço pela única liberdade real que vale a pena ter. E quando um homem perde a si mesmo dessa maneira, ele imediatamente se encontra no serviço a tudo o que vive. Esse serviço se torna seu prazer e seu divertimento. Ele é um novo homem, que jamais se cansa de se dedicar à criação de Deus.
India, 20 de dezembro de 1928 (MM, p. 30)

Há momentos na vida em que precisamos agir, mesmo que não possamos levar nossos melhores amigos conosco. A "vozinha silenciosa" dentro de nós deve ser sempre o árbitro final quando há um conflito de dever.
The Monthly Review, Calcutá, outubro de 1941 (MM, p. 33)

Eu não poderia viver um segundo sequer sem religião. Muitos dos meus amigos políticos se desesperam comigo porque dizem que até minha política é derivada da religião. E eles estão certos. Minha política e todas as minhas outras atividades são derivadas da minha religião. E digo mais: toda atividade de um homem religioso deve ser derivada de sua religião, porque religião significa estar ligado a Deus, ou seja, Deus controla nossa respiração.
Harijan, 21 de março de 1934 (MM, p. 70)

Para mim, a política desprovida de religião é uma imundície absoluta, que deve ser combatida. A política diz respeito às nações, e aquilo que diz respeito ao bem-estar das nações deve ser uma das preocupações do homem religioso, ou seja, aquele que está em busca de Deus e da Verdade. Para mim, Deus e Verdade são termos intercambiáveis, e se alguém me dissesse que Deus significa inverdade ou tortura, eu me recusaria a adorá-Lo. Portanto, também na política temos de estabelecer o Reino dos Céus.
Young India, 18 de junho de 1925 (MM, p. 70)

Capítulo 2 – Religião e verdade

Eu não poderia levar uma vida religiosa se não me identificasse com a humanidade como um todo, e isso não seria possível se eu não participasse da política. Toda a gama de atividades do homem atual constitui um todo indivisível. Não dá para dividir o trabalho social, econômico, político e puramente religioso em compartimentos estanques. Não conheço nenhuma religião separada das atividades humanas. Ela fornece uma base moral para todas as outras atividades, que de outra forma não teriam essa base, reduzindo a vida a um labirinto de "som e fúria que nada significa".
Harijan, 24 de dezembro de 1935 (MM, p. 71)

É a fé que nos guia através de mares tempestuosos, a fé que move montanhas e a fé que vence oceanos. Essa fé nada mais é do que uma consciência viva e desperta de Deus dentro de nós. Aquele que alcançou essa fé não quer nada. Doente no corpo, ele é espiritualmente saudável; fisicamente pobre, esbalda-se em riqueza espiritual.
Young India, 24 de setembro de 1921 (MM, p. 80)

As formas são muitas, mas o espírito que permeia tudo é um. Como pode haver espaço para distinções de superior e inferior quando existe, por trás de toda a diversidade externa, essa unidade fundamental que abarca tudo? Pois esse é um fato com o qual nos deparamos em todas as etapas da vida diária. O objetivo final de todas as religiões é compreender essa unidade essencial.
Harijan, 15 de dezembro de 1933 (MM, p. 78)

No início da minha juventude, fui ensinado a repetir o que, nas escrituras hindus, são conhecidos como os mil nomes de Deus. Esses mil nomes de Deus, porém, não eram de modo algum exaustivos. Nós acreditamos, e acho que é a verdade, que Deus tem tantos nomes quanto existem criaturas no mundo. Portanto, dizemos também que Deus não tem nome, e como Deus tem muitas formas, nós O consideramos sem forma, e como Ele fala por meio de muitas línguas, nós O consideramos sem fala, e assim por diante. Quando vim a estudar o islã, descobri que ele também tinha muitos nomes de Deus. Com aqueles que dizem "Deus é Amor", eu dizia Deus é Amor. Mas lá no fundo eu costumava dizer que, embora Deus seja Amor, Deus é a Verdade acima de tudo. Se for possível descrever Deus em termos humanos, cheguei à conclusão de que Deus é a Verdade. Dois anos atrás, dei um passo além e disse que a Verdade é Deus. Você verá a bela distinção entre as duas afirmações, "Deus é a Verdade" e "a Verdade é Deus". Cheguei a essa conclusão depois de uma busca incessante pela verdade, que começou há cinquenta anos. Na época, descobri que a abordagem mais próxima da verdade era pelo amor. Mas descobri também que o amor tem muitos significados na língua inglesa e que o amor humano, no sentido da paixão, pode se tornar algo degradante. Verifiquei, ademais, que o amor, no sentido de *ahimsa*, tinha um número limitado de devotos no mundo. Mas nunca encontrei um duplo sentido em conexão com a verdade, e nem os ateus se opuseram à necessidade do poder da verdade. Só que em sua paixão por descobrir a verdade, os ateus não hesitaram em negar a própria existência de Deus – de seu próprio ponto de vista, com razão. Foi por causa desse raciocínio que vi que, em vez de dizer que Deus é a Verdade, eu deveria dizer que a Verdade é Deus. Some-se a isso a grande dificuldade de que milhões de pessoas se apropriaram do nome de Deus e, em seu nome, cometeram indizíveis atrocidades. Não que os cientistas muitas vezes não cometam atrocidades em nome da Verdade. Então, há outra ideia na filosofia hindu, a saber, somente Deus é e nada mais existe, e é a mesma verdade que vemos enfatizada e exemplificada no *kalma* do islã. E aí encontramos claramente dito que só Deus é, e nada mais existe. Aliás, a palavra em sânscrito para "verdade" é uma palavra que significa literalmente "aquilo que existe", *sat*. Por essas e muitas outras razões, cheguei à conclusão de que a definição "a Verdade é Deus" me dá maior

satisfação. E quando queremos encontrar a Verdade como Deus, o único meio inevitável é o amor, isto é, a não violência, e como acredito que meios e fins são termos intercambiáveis, não hesito em dizer que Deus é Amor.
Mahatma, III, discurso, 1931 (MT, III, p. 176-177)

Do ponto de vista da Verdade pura, o corpo também é uma possessão. Foi dito, com razão, que o desejo de prazer cria corpos para a alma. Quando esse desejo desaparece, não resta mais necessidade do corpo, e o homem está livre do ciclo vicioso de nascimentos e mortes. A alma é onipresente. Por que ela ficaria confinada dentro do corpo, essa jaula, ou faria algum mal e até mataria por causa da jaula? Assim, chegamos ao ideal da renúncia total e aprendemos a usar o corpo para os propósitos do serviço enquanto ele existir, de modo que o serviço, e não o pão, se torne nosso esteio. Comemos e bebemos, dormimos e acordamos somente para o serviço. Essa atitude mental nos traz verdadeira felicidade e uma visão beatífica o tempo inteiro.
Yeranda Mandir (SB, p. 17)

O que [...] é a Verdade? Uma pergunta difícil, mas que respondo por conta própria dizendo que é o que a voz interior lhe diz. Se é assim, você pergunta, como diferentes pessoas têm diferentes verdades diferentes, até contrárias? Bem, considerando que a mente humana trabalha de inúmeras formas e que a evolução da mente humana não é igual para todos, o que pode ser verdade para um pode não ser verdade para outro, e, portanto, aqueles que fizeram essas experiências chegaram à conclusão de que há certas condições a serem observadas ao fazer essas experiências. [...] Como, no momento presente, todos reivindicam o direito de consciência sem passar por qualquer disciplina, há muita inverdade sendo apresentada num mundo desnorteado. Tudo o que posso, com verdadeira humildade, lhe dizer é que a Verdade não pode ser encontrada por alguém que não tenha um senso

abundante de humildade. Para nadar no seio do oceano da Verdade, você deve se anular totalmente.
Young India, 27 de outubro de 1921 (MM, p. 17)

A verdade reside em todo coração humano, e é preciso buscá-la ali, sendo guiado pela verdade à medida que ela aparece. Mas ninguém tem o direito de coagir os outros a agir de acordo com sua própria visão da verdade.
Harijan, 24 de novembro de 1933 (MM, p. 19-20)

A vida é uma aspiração. Sua missão é lutar pela perfeição, que é a autorrealização. O ideal não deve ser diminuído por causa de nossas fraquezas ou imperfeições. O grito silencioso clama diariamente à Verdade para me ajudar a remover essas fraquezas e imperfeições minhas.
Harijan, 22 de junho de 1935 (MM, p. 20)

Não pode haver espaço para inverdades em meus escritos, porque é minha crença inabalável de que não há outra religião além da verdade e porque sou capaz de rejeitar algo obtido à custa da verdade. Meus escritos só podem ser livres de ódio contra qualquer indivíduo, porque é minha firme convicção de que é o amor que sustenta a terra. Só existe vida onde existe amor. A vida sem amor é a morte. O amor é o reverso da moeda da qual o anverso é a verdade. Creio piamente [...] que podemos conquistar o mundo inteiro pela verdade e pelo amor.
The Mind of Mahatma Gandhi (MM, p. 21)

Não me dedico a nada além da Verdade e não devo disciplina a ninguém além da Verdade.
Harijan, 25 de maio de 1935 (MM, p. 23)

A Verdade é a primeira coisa a ser buscada, e, então, a Beleza e Bondade nos serão acrescentadas. Isso é o que Cristo realmente

ensinou no Sermão da Montanha. Jesus, a meu ver, foi um artista supremo, porque enxergou e expressou a Verdade. E assim foi Maomé, sendo o Alcorão a composição mais perfeita de toda a literatura árabe – de qualquer modo, é o que dizem os estudiosos. Como ambos se esforçaram primeiro pela Verdade, a graça da expressão lhes veio naturalmente, e nem Jesus nem Maomé escreveram sobre arte. Essa é a Verdade e a Beleza pela qual anseio e vivo e pela qual estou disposto a morrer.
Young India, 20 de novembro de 1924 (MM, p. 38)

Quanto a Deus, é difícil defini-Lo, mas a definição da verdade repousa em todo coração humano. A verdade é aquilo que você acredita ser verdade neste momento, e esse é o seu Deus. Se um homem adorar essa verdade relativa, ele com certeza alcançará a Verdade Absoluta, ou seja, Deus, no decorrer do tempo.
The Diary of Mahadev Desai (DM, p. 249-250)

Eu conheço o caminho. É reto e estreito. É como o fio de uma espada. Alegro-me por andar nele. Choro quando escorrego. A palavra de Deus é: "Aquele que se esforça nunca perece". Tenho fé implícita nessa promessa. Ainda que, por fraqueza minha, eu falhe mil vezes, não perderei a fé, e espero ver a Luz quando a carne estiver sob sujeição perfeita, como algum dia será.
Young India, 17 de junho de 1926 (MM, p. 12)

Sou apenas um buscador da Verdade e afirmo ter encontrado um caminho para ela. Afirmo estar fazendo um esforço incessante para encontrá-la, mas admito que ainda não a encontrei. Encontrar a Verdade completamente é realizar a si mesmo e ao próprio destino, ou seja, tornar-se perfeito. Sinto-me penosamente consciente de minhas imperfeições, e nisso reside toda a força que tenho, porque é raro para um homem conhecer suas próprias limitações.
Young India, 17 de novembro de 1921 (MM, p. 13)

Eu estou no mundo buscando meu caminho para a luz "em meio à escuridão circundante". Muitas vezes me equivoco e calculo errado. [...] Minha confiança é unicamente em Deus. E confio nos homens somente porque confio em Deus. Se eu não tivesse nenhum Deus para confiar, seria, como Tímon, inimigo da minha própria espécie.

Young India, 4 de dezembro de 1924 (MM, p. 13)

Não sou um "estadista vestido de santo", mas, como a Verdade é a sabedoria mais elevada, às vezes meus atos parecem ser coerentes com o mais alto grau de habilidade política. De qualquer modo, espero não ter nenhuma política em mim, exceto a política da Verdade e do *ahimsa*. Não sacrificarei a Verdade e o *ahimsa* nem mesmo pela libertação do meu país ou da minha religião. Isso equivale a dizer que nenhum dos dois pode ser libertado assim.

Young India, 20 de janeiro de 1927 (MM, p. 1)

Parece-me que entendo melhor o ideal da verdade do que o do *ahimsa*, e minha experiência me diz que se eu largar meu domínio da verdade, nunca serei capaz de resolver o enigma do *ahimsa*. [...] Em outras palavras, talvez não tenha coragem de seguir o caminho correto. Ambos, no fundo, significam a mesma coisa, pois a dúvida é invariavelmente o resultado da falta ou fraqueza de fé. "Senhor, dá-me fé", portanto, é a oração que repito noite e dia. (MM, p. 5)

No meio da humilhação e da chamada derrota e de uma vida conturbada, consigo manter minha paz graças a uma fé subjacente em Deus, traduzida como Verdade. Podemos descrever Deus de milhões de maneiras, mas adotei para mim a fórmula: *A Verdade é Deus.*

The Mind of Mahatma Gandhi (MM, p. 10)

Capítulo 2 – Religião e verdade

Afirmo não ter orientação ou inspiração infalível. Segundo a minha experiência, a alegação de infalibilidade por parte de um ser humano é insustentável, visto que a inspiração, também, só pode vir para aquele que está livre da ação dos opostos, e será difícil julgar, numa determinada ocasião, se a alegação de liberdade dos pares de opostos se justifica. A alegação de infalibilidade é, portanto, sempre temerária. Isso, no entanto, não nos deixa totalmente sem orientação. A soma total da experiência dos sábios do mundo está disponível para nós e para todos os tempos vindouros. Além disso, não há muitas verdades fundamentais, mas apenas uma verdade fundamental que é a própria Verdade, também conhecida como não violência. Os seres humanos finitos jamais conhecerão plenamente a Verdade e o Amor, que são, em si mesmos, infinitos. Mas sabemos o suficiente para nossa orientação. Erraremos, e às vezes gravemente, em nossa aplicação. Mas o homem é um ser autogovernado, e o autogoverno inclui necessariamente o poder tanto para cometer erros quanto para corrigi-los com a mesma frequência com que eles são cometidos.
Young India, 21 de abril de 1927 (MM, p. 15)

Posso ser uma pessoa desprezível, mas quando a Verdade fala através de mim, sou invencível.
The Epic Fast, publicado em 1932 (MM, p. 23)

Em minha vida, nunca fui culpado de dizer coisas que não quis dizer. Minha natureza é ir direto ao coração, e se muitas vezes falho em fazê-lo agora, sei que a Verdade finalmente se fará ouvir e sentir, como tem sido frequentemente na minha experiência.
Young India, 20 de agosto de 1925 (MM, p. 20)

Sou um buscador humilde, mas muito sincero, da Verdade. E, em minha busca, confidencio tudo com os outros buscadores para poder conhecer meus erros e corrigi-los. Confesso que muitas vezes errei em minhas estimativas e julgamentos. [...] E, como em todos os casos refiz meus passos, nenhum dano permanente foi feito. Pelo contrário, a verdade fundamental da não violência tornou-se infinitamente mais manifesta, e o país nunca foi permanentemente ferido.

Young India, 21 de abril de 1927 (MM, p. 20)

Vejo e encontro beleza na Verdade ou através da Verdade. Toda Verdade – não só ideias verdadeiras, mas rostos verdadeiros, imagens verdadeiras ou canções verdadeiras – é muito bonita. As pessoas geralmente não conseguem ver beleza na Verdade. O indivíduo comum fica cego para essa beleza e normalmente foge dela. Quando os homens começarem a ver beleza na Verdade, a verdadeira arte surgirá.

Young India, 13 de novembro de 1925 (MM, p. 37)

Para um verdadeiro artista, o único rosto belo é aquele que, independentemente de seu exterior, brilha com a verdade interna da alma. Não há [...] beleza separada da Verdade. Por outro lado, a Verdade pode se manifestar de formas que talvez não sejam nem um pouco belas por fora. Sócrates, dizem-nos, foi o homem mais verdadeiro de sua época, e, mesmo assim, suas feições teriam sido as mais feias da Grécia. A meu ver, ele era bonito, porque toda a sua vida foi uma luta pela Verdade, e devemos lembrar que essa forma exterior não impediu que Fídias apreciasse a beleza da Verdade que existia nele, embora, como artista, ele estivesse acostumado a ver beleza em formas externas também.

Young India, 13 de novembro de 1925 (MM, p. 38)

Mas é impossível percebermos a Verdade perfeita enquanto estivermos aprisionados neste contexto de morte. Só conseguimos visualizá-la em nossa imaginação. Não temos como, com a instrumentalidade deste corpo efêmero, ver face a face a Verdade, que é eterna. É por isso que, em última instância, dependemos da fé.

Yeranda Mandir, 1935 (SB, p. 9)

Capítulo 2 – Religião e verdade

Não reivindico nada exclusivamente divino em mim. Não reivindico profetismo. Sou apenas um humilde buscador da Verdade, determinado a encontrá-la. Não considero nenhum sacrifício grande demais para ver Deus frente a frente. Todas as minhas atividades, sejam elas sociais, políticas, humanitárias ou éticas, estão direcionadas para esse fim. E como sei que Deus normalmente é encontrado nas Suas criaturas mais humildes, não nos altos e poderosos, estou lutando para alcançar o status delas. Não tenho como fazer isso sem o serviço delas. Daí minha paixão pelo serviço das classes oprimidas. E como não posso prestar esse serviço sem entrar na política, me meti na política. Portanto, não sou nenhum mestre. Sou apenas um servo batalhador, errante e humilde, da Índia e, por conseguinte, da humanidade.
Young India, 11 de setembro de 1924 (SB, p. 46-47)

Não há religião mais elevada do que a Verdade e a Retidão.
Ethical Religion, 1930 (SB, p. 223)

A verdadeira religião e a verdadeira moralidade estão inseparavelmente ligadas uma à outra. A religião é para a moralidade o que é a água para a semente que é semeada no solo.
Ethical Religion, 1930 (SB, p. 223)

Rejeito qualquer doutrina religiosa que não condiga com a razão e que esteja em conflito com a moralidade. Tolero um sentimento religioso irracional quando ele não é imoral.
Young India, 12 de julho de 1920 (SB, p. 223)

Assim que perdemos a base moral, deixamos de ser religiosos. Não existe religião que supere a moralidade. O homem, por exemplo, não pode ser falso, cruel e incontinente e afirmar que tem Deus do seu lado.
Young India, 24 de novembro de 1921 (SB, p. 223)

Nossos desejos e motivos podem ser divididos em duas categorias: egoístas e altruístas. Todos os desejos egoístas são imorais, enquanto o desejo de melhorar a nós mesmos para fazer o bem aos outros é verdadeiramente moral. A lei moral mais elevada é que devemos trabalhar incessantemente para o bem da humanidade.

Ethical Religion, 1930 (SB, p. 223)

Se qualquer ação minha, supostamente espiritual, se comprovar impraticável, ela deve ser considerada um fracasso. Acredito que o ato mais espiritual é o mais prático no verdadeiro sentido do termo.

Harijan, 1 de julho de 1939 (SB, p. 224)

As escrituras não podem transcender a razão e a verdade. Seu propósito é purificar a razão e iluminar a verdade.

Young India, 19 de janeiro de 1921 (SB, p. 229)

O erro não pode reivindicar isenção, mesmo que possa ser respaldado pelas escrituras do mundo.

Young India, 26 de fevereiro de 1925 (SB, p. 229)

Um erro não se torna verdade pela propagação multiplicada, nem a verdade se torna erro porque ninguém a vê.

Young India, 26 de fevereiro de 1925 (SB, p. 229)

Não sustento que tudo o que é antigo é bom porque é antigo. Não defendo a renúncia da faculdade de raciocínio dada por Deus em face da tradição antiga. Qualquer tradição, por mais antiga que seja, se não for condizente com a moralidade, deve ser banida da terra. A intocabilidade pode ser considerada uma tradição antiga, a instituição da viuvez e do casamento infantil pode ser considerada uma tradição antiga e, mesmo assim, uma crença horrível e uma prática supersticiosa. Eu acabaria com tudo isso se tivesse poder.

Young India, 22 de setembro de 1927 (SB, p. 229)

Capítulo 2 – Religião e verdade

Não descreio da idolatria. Um ídolo não provoca nenhum sentimento de veneração em mim, mas, a meu ver, a adoração de ídolos é parte da natureza humana. Nós ansiamos por simbolismo.
Young India, 6 de outubro de 1921 (SB, p. 230)

Não proíbo o uso de imagens em oração. Só prefiro a adoração Daquele que não tem forma. Essa preferência talvez seja inadequada. Uma coisa serve para um homem, outra, serve para outro, e nenhuma comparação pode ser feita entre as duas.
The Diary of Mahadev Desai (DM, p. 168)

Cheguei a sentir que, como os seres humanos, as palavras evoluem de um estágio para o outro em seu conteúdo. Por exemplo, o conteúdo da palavra mais rica, Deus, não é o mesmo para todos nós. Ele varia de acordo com a experiência de cada um.
Young India, 11 de agosto de 1927 (SB, p. 238)

Não vejo contradição nem insanidade em minha vida. É verdade que, como um homem não pode ver suas costas, ele também não pode ver seus erros ou insanidade. Mas os sábios costumavam comparar um homem *religioso* a um lunático. Eu, portanto, abraço a crença de que posso não ser insano e ser verdadeiramente religioso. Qual dos dois eu sou na verdade só será decidido depois da minha morte.
Young India, 14 de agosto de 1924 (MM, p. 1)

Sempre que vejo um homem errando, digo a mim mesmo que também errei. Quando vejo um homem lascivo, digo a mim mesmo que eu também já fui assim. E, então, sinto afinidade com todos no mundo e sinto que não posso ser feliz sem que o mais humilde de nós seja feliz.
Young India, 10 de fevereiro de 1927 (MM, p. 2-3)

Terei de responder ao meu Deus e ao meu Criador se eu der a alguém menos do que o devido, mas tenho certeza de que Ele me abençoará se souber que dei mais do que o devido.
Young India, 10 de março de 1927 (MM, p. 3)

Minha vida é uma vida cheia de alegria, em meio ao trabalho incessante. Ao não querer pensar no que o amanhã me reserva, sinto-me livre como um pássaro. [...] O pensamento de que estou, incansável e honestamente, lutando contra as exigências da carne me sustenta.
Young India, 1 de outubro de 1925 (MM, p. 3)

Estou consciente demais das imperfeições da espécie à qual pertenço para me irritar com qualquer membro dela. Minha solução é lidar com o mal onde quer que o veja, não ferir o malfeitor, assim como eu não gostaria de ser ferido pelos erros que cometo com frequência.
Young India, 12 de março de 1931 (MM, p. 3)

Continuo otimista. Não que haja qualquer evidência que eu possa dar de que o que é certo acontecerá, mas por causa de minha fé inabalável de que o que é certo prosperará no final. [...] Nossa inspiração pode vir somente de nossa fé de que o que é certo, em última instância, prevalecerá.
Harijan, 10 de dezembro de 1938 (MM, p. 5)

Há limites para a capacidade de um indivíduo, e no momento em que ele se gaba de que é capaz de assumir todas as tarefas, Deus está lá para diminuir seu orgulho. Quanto a mim, sou dotado de humildade suficiente para pedir ajuda até de bebês.
Young India, 12 de março de 1931 (MM, p. 5)

Uma gota no oceano participa da grandeza de seu pai, embora seja inconsciente dela, mas ela seca tão logo entra numa existência

independente do oceano. Não exageramos quando dizemos que a vida é uma bolha efêmera.
Young India, 16 de outubro de 1930 (MM, p. 5)

Sou um otimista irrepreensível, porque acredito em mim mesmo. Isso soa muito arrogante, não é? Mas o digo das profundezas da minha humildade. Acredito no poder supremo de Deus. Acredito na Verdade e, portanto, não tenho dúvidas em relação ao futuro deste país ou ao futuro da humanidade.
Young India, 13 de agosto de 1925 (MM, p. 10)

Minha religião não é uma religião do cárcere. Ela tem espaço para a menor das criaturas de Deus. Mas é uma prova contra a insolência, o orgulho de raça, religião ou cor.
Young India, 1 de junho de 1921 (MM, p. 81)

Não compartilho a crença de que pode haver ou haverá na terra uma única religião. Estou me esforçando, portanto, para encontrar um fator comum e induzir a tolerância mútua.
Young India, 31 de julho de 1924 (MM, p. 82)

Uma vida de perfeita continência em pensamentos, palavras e ações é necessária para alcançar a perfeição espiritual. E uma nação que não possui esse tipo de homens é mais pobre pela falta deles.
Young India, 13 de outubro de 1920 (MM, p. 106)

Um pecador é igual a um santo aos olhos de Deus. Ambos terão igual justiça e uma oportunidade igual de avançar ou retroceder. Ambos são Seus filhos, Sua criação. Um santo que se considera superior a um pecador perde sua santidade e se torna pior do que o pecador, que, ao contrário do santo orgulhoso, não sabe o que está fazendo.
Harijan, 4 de outubro de 1923 (MM, p. 167)

Frequentemente confundimos conhecimento espiritual com realização espiritual. Ser espiritual não é conhecer as escrituras e participar de discussões filosóficas. É uma questão de cultura do coração, de força incomensurável. O destemor é o primeiro requisito da espiritualidade. Covardes nunca podem ser morais.

Young India, 13 de outubro de 1921 (SB, p. 210)

O homem deve desejar sinceramente o bem-estar de toda a criação de Deus e rezar para que tenha força para isso. No desejo pelo bem-estar de tudo reside seu próprio bem-estar. Aquele que deseja somente o próprio bem-estar ou o bem-estar de sua comunidade é egoísta e nunca poderá ficar bem. [...] É essencial que o homem saiba diferenciar entre o que ele considera bom e o que é realmente bom para ele.

Harijan, 20 de outubro de 1946 (MGP, I, p. 348)

Acredito na absoluta unidade de Deus e, portanto, da humanidade. E daí que temos muitos corpos? Temos somente uma alma. Os raios do sol são muitos através da refração, mas eles vêm da mesma fonte. Não posso, portanto, separar-me da alma mais perversa, nem negar identificação com os mais virtuosos.

Young India, 25 de setembro de 1924 (MGP, II, p. 784)

Se eu fosse um ditador, religião e Estado seriam separados. Juro pela minha religião. Morrerei por isso. Mas é um assunto pessoal. O Estado não tem nada a ver com isso. O Estado cuidaria do bem-estar secular, da saúde, das comunicações, das relações exteriores, da moeda e assim por diante, mas não da sua ou da minha religião, que é uma questão pessoal de todos.

Mahatma, VII, outubro de 1946 (MT, VII, p. 264)

Estou cercado de exagero e inverdade. Apesar dos meus melhores esforços para encontrá-la, não sei onde está a Verdade. Mas parece-me que me aproximei de Deus e da Verdade. Isso

Capítulo 2 – Religião e verdade

me custou velhas amizades, mas não sinto muito por isso. Para mim, é um sinal de minha aproximação de Deus o fato de que posso escrever e falar a todos com franqueza e destemor sobre questões delicadas, em meio à mais feroz oposição, praticar integralmente os onze votos que professei, sem o menor sentimento de perturbação ou inquietação. Sessenta anos de luta ao menos me permitiram perceber o ideal de verdade e pureza que sempre coloquei na minha frente.

Mahatma Gandhi, The Last Phase, conversa, c. abril de 1947 (MGP, II, p. 143)

Tudo o que sabemos é que devemos cumprir nosso dever e deixar os resultados nas mãos de Deus. O homem deve ser o mestre de seu próprio destino, mas isso não é de todo verdade. Ele só pode criar o próprio destino na medida em que lhe for permitido pelo Grande Poder, que anula todas as nossas intenções, todos os nossos projetos e realiza os seus próprios planos. Chamo esse poder não pelo nome de Alá, Khuda ou Deus, mas a Verdade. Toda verdade existe apenas no coração do Grande Poder: a Verdade.

Mahatma Gandhi, The Last Phase, 1947 (MGP, II, p. 91)

Não conheço pecado maior do que oprimir os inocentes em nome de Deus.

Mahatma Gandhi, The Last Phase, 1947 (MGP, II, p. 143)

Quando penso na minha pequenez e nas minhas limitações, por um lado, e nas expectativas que tenho em relação a mim, por outro, fico aturdido por um momento, mas volto a mim tão logo percebo que essas expectativas são um tributo não a mim, uma curiosa mistura de Jekyll e Hyde, mas à encarnação, por mais imperfeita, porém comparativamente grande em mim, das duas qualidades inestimáveis de verdade e não violência.

Young India, 3 de outubro de 1925 (MM, p. 14)

Não há nada na terra que eu não abandonaria por causa do país, exceto, é claro, duas coisas e apenas duas, a saber, a verdade e a não violência. Eu não sacrificaria essas duas coisas por nada neste mundo. Para mim, a Verdade é Deus e não há como encontrar a Verdade exceto pelo caminho da não violência. Não procuro servir a Índia em detrimento da Verdade ou de Deus, pois eu sei que um homem que abandona a Verdade pode abandonar seu país e seus entes mais próximos e queridos.

Mahatma, II, discurso, 20 de dezembro de 1926 (MT, II, p. 312)

Capítulo 3

Meios e fins

Meios e fim são termos intercambiáveis em minha filosofia de vida.
Young India, 26 de dezembro de 1924 (SB, p. 13)

Dizem que "os meios não passam de meios". Eu diria que "os meios são tudo". De acordo com os meios será o fim. Não há muro de separação entre meios e fim. De fato, o Criador nos deu controle (e, mesmo assim, muito limitado) sobre os meios, mas nenhum sobre o fim. A realização do objetivo está vinculada diretamente à realização dos meios, e essa regra não admite exceção.
Young India, 17 de julho de 1924 (SB, p. 37)

O *ahimsa* e a Verdade estão tão interligados que é praticamente impossível separá-los; são como dois lados de uma mesma moeda, ou melhor, um disco metálico liso, sem nenhum desenho. Quem pode dizer qual é o anverso e qual o reverso? No entanto, o *ahimsa* é o meio, a Verdade é o fim. Os meios, para serem meios, devem sempre estar ao nosso alcance, e assim o *ahimsa* é nosso dever supremo. Se cuidarmos dos meios, certamente chegaremos ao fim, mais cedo ou mais tarde. Quando compreendermos isso, a vitória final é garantida. Quaisquer que sejam as dificuldades que encontrarmos, quaisquer que sejam os aparentes reveses do caminho, não devemos desistir da busca da Verdade, que é, em si, Deus.
Yeranda Mandir, 1935 (SB, p. 14)

Não acredito em atalhos violentos para o sucesso. [...] Por mais admiração e simpatia que eu tenha em relação a motivos dignos, sou um oponente ferrenho dos métodos violentos, mesmo que eles sirvam às causas mais nobres. Portanto, não existe nada em

comum entre mim e a escola da violência. Minha crença na não violência, porém, não apenas não me impede, mas me leva até a associar-me com os anarquistas e todos aqueles que acreditam na violência. No entanto, essa associação é sempre com o único intuito de afastá-los do que me parece ser seu erro. Pois a experiência me convence de que o bem permanente nunca pode ser resultado da mentira e da violência. Mesmo que minha crença seja uma ilusão, devemos admitir que é uma ilusão fascinante.
Young India, 11 de dezembro de 1924 (MM, p. 126)

Sua crença de que não há conexão entre meios e fim é um grande erro. Por causa desse erro, até homens que foram considerados religiosos cometeram graves crimes. Com base em seu raciocínio, é possível colher rosas plantando ervas daninhas. Se eu quiser atravessar o oceano, só posso fazê-lo com um meio de transporte adequado; se eu usasse uma carroça para essa finalidade, tanto a carroça quanto eu logo afundaríamos. "De acordo com Deus, assim é o devoto" é uma máxima que vale a pena considerar. Seu significado foi distorcido, e os homens se perderam. Os meios podem ser comparados a uma semente, o fim, a uma árvore, e há apenas a mesma conexão inviolável entre os meios e o fim, como há entre a semente e a árvore. Dificilmente obterei o resultado da adoração a Deus prostrando-me perante o Diabo. Se, portanto, alguém dissesse: "Quero adorar a Deus, mesmo que seja por meio do Diabo", tal indivíduo seria considerado um ignorante. Nós colhemos exatamente o que plantamos.
Hind Swaraj ou Indian Home Rule, 1909 (HS, p. 51-52)

"Socialismo" é uma palavra bonita, e, até onde sei, no socialismo todos os membros da sociedade são iguais: ninguém é inferior ou superior. No corpo individual, a cabeça não é superior porque está na parte de cima do corpo, nem as solas dos pés são inferiores porque pisam o chão. Assim como os membros do corpo individual são iguais, os membros da sociedade são iguais. Isso é socialismo.

Capítulo 3 – Meios e fins

Nele, o príncipe e o camponês, os ricos e os pobres, o empregador e o empregado estão todos no mesmo nível. Em termos de religião, não há dualidade no socialismo. Tudo é unidade. Olhando para a sociedade em todo o mundo, não há nada além de dualidade ou pluralidade. A unidade chama atenção por sua ausência. [...] De acordo com a minha concepção de unidade, há unidade perfeita na pluralidade de projetos.

Para alcançar esse estado, não devemos olhar as coisas filosoficamente e dizer que não precisamos fazer nenhum movimento até que tudo seja convertido ao socialismo. Sem mudar nossa vida, podemos continuar a fazer discursos, formar partidos e agarrar as oportunidades quando o jogo vira para o nosso lado. Isso não é socialismo. Quanto mais o tratamos como uma oportunidade a ser aproveitada, mais ele se afastará de nós.

O socialismo começa com o primeiro convertido. Se houver um, você poderá adicionar zeros ao número um, que o primeiro zero o transforma em dez, e cada adição o multiplica por dez. Se, no entanto, o iniciante for zero, em outras palavras, se ninguém começar, a adição de zeros produzirá um resultado nulo. O tempo e o papel gastos na escrita de zeros serão um desperdício.

Esse socialismo é puro como cristal. Por conseguinte, requer meios semelhantes ao cristal para ser concretizado. Meios impuros resultam num final impuro. Assim, o príncipe e o camponês não serão igualados cortando-se a cabeça do príncipe, nem o processo de corte pode igualar o empregador e o empregado. Não se pode alcançar a verdade pela falsidade. Somente a conduta verdadeira pode conduzir à verdade. Mas não violência e verdade não são sinônimos? A resposta é um enfático "não". A não violência está embutida na verdade e vice-versa. Por isso, foi dito que elas são faces da mesma moeda. Cada uma é inseparável da outra. Se lermos a moeda em ambas as direções, a grafia das palavras será diferente, mas o valor será o mesmo. Esse estado abençoado é inatingível sem perfeita pureza. Aquele que alimenta a impureza da mente ou do corpo só terá mentira e violência em si.

Desse modo, somente os socialistas sinceros, não violentos e de coração puro serão capazes de estabelecer uma sociedade socialista na Índia e no mundo.
Harijan, julho de 1947 (MGP, II, p. 140-141)

A arma espiritual da autopurificação, por mais intangível que pareça, é o meio mais potente para revolucionar o ambiente e afrouxar os grilhões externos. Funciona de modo sutil e imperceptível. Consiste num processo intenso, embora muitas vezes pareça um processo desgastante e demorado. É o caminho mais direto para a libertação, o mais seguro e mais rápido, e nenhum esforço é demasiado nesse sentido. O que é preciso é fé: uma fé inabalável, semelhante à montanha, que não recua frente a nada.
Young India, 30 de abril de 1925 (SB, p. 160-161)

Estou mais preocupado em evitar a brutalização da natureza humana do que prevenir os sofrimentos do meu próprio povo. Sei que pessoas que se entregam voluntariamente a um caminho de sofrimento elevam a si mesmas e a toda a humanidade. Mas também sei que as pessoas que se tornam brutalizadas em seus esforços desesperados para obter a vitória sobre seus adversários ou para explorar nações mais fracas ou homens mais fracos, não apenas sucumbem, mas carregam consigo a humanidade. E ver a natureza humana sendo arrastada para a lama não pode dar prazer a ninguém. Se somos todos filhos do mesmo Deus e temos todos a mesma essência divina, devemos responder pelo pecado de cada um, seja ele da nossa raça ou de outra. É fácil entender quão repugnante é invocar a besta no ser humano, quanto mais nos ingleses, entre os quais tenho muitos amigos.
Young India, 29 de outubro de 1931 (SB, p. 161)

O método da resistência passiva é o mais claro e seguro, porque, se a causa não for verdadeira, só quem exerce resistência sofrerá.
Young India, 29 de outubro de 1931 (SB, p. 162)

Capítulo 4

Ahimsa ou o caminho da não violência

A não violência é a maior força à disposição da humanidade. É mais poderosa do que a mais poderosa arma de destruição concebida pela mente do homem. A destruição não é a lei dos homens. O homem vive livre por sua disposição a morrer, se necessário, nas mãos de seu irmão, nunca por sua disposição a matá-lo. Todo assassinato ou qualquer outro dano, não importa a causa, cometido ou infligido a outro é um crime contra a humanidade.

Harijan, 20 de julho de 1931 (MM, p. 49)

A primeira condição da não violência é a justiça em todos os âmbitos da vida. Talvez seja esperar demais da natureza humana, mas não acredito nisso. Ninguém deve dogmatizar a capacidade de degradação ou exaltação da natureza humana.

Mahatma V, abril de 1940 (MT, V, p. 344)

Assim como se deve aprender a arte de matar no treinamento para a violência, é preciso aprender a arte de morrer no treinamento para a não violência. Violência não significa emancipação do medo, mas descobrir os meios de combater a causa do medo. No caso da não violência, por outro lado, não há motivo para medo. O devoto da não violência tem de cultivar a mais alta capacidade de sacrifício para ficar livre do medo. Ele não se abala se tiver de perder sua terra, sua riqueza, sua vida. Aquele que não superou todo o medo não pode praticar o *ahimsa* à perfeição. O devoto do *ahimsa* tem apenas um medo, que é de Deus. Aquele que busca refúgio em Deus deve ter uma visão do *Atma* que transcenda o corpo; e, no momento em que se vislumbra o *Atma* imperecível, livramo-nos do amor do corpo perecível. O treinamento em não violência é, portanto, diametralmente oposto ao treinamento em violência. A violência é necessária para a proteção das coisas externas; a não violência é necessária para a proteção do *Atma*, para a proteção da nossa honra.

Harijan, 1 de setembro de 1940 (SB, p. 16)

Simplesmente amar aqueles que nos amam não é não violência. Não violência é quando amamos aqueles que nos odeiam. Sei como é difícil seguir essa grande lei do amor, mas tudo o que é bom e grandioso não é difícil? O amor do inimigo é o mais difícil de todos. Mas, pela graça de Deus, até mesmo a coisa mais difícil se torna fácil se quisermos.

Carta de 31 de dezembro de 1934 (SB, p. 18)

Descobri que a vida persiste no meio da destruição e que, portanto, deve haver uma lei maior do que a da destruição. Somente sob essa lei pode uma sociedade ordenada ser inteligível, e a vida, digna de ser vivida. E se essa é a lei da vida, temos que exercitá-la na vida cotidiana. Sempre que houver conflitos, quando você se deparar com um oponente, conquiste-o com amor. Apliquei esse método rudimentar na minha vida. Isso não significa que todas as minhas dificuldades foram resolvidas, mas descobri que essa lei do amor funciona como a lei da destruição nunca funcionou.

Não é que eu esteja imune à raiva, por exemplo, mas consigo, em quase todas as ocasiões, manter meus sentimentos sob controle. Qualquer que seja o resultado, há o tempo todo em mim uma luta consciente para seguir a lei da não violência, de forma deliberada e incessante. Essa luta deixa mais forte. Quanto mais trabalho nessa lei, mais prazer sinto na vida, prazer pela ordem do universo. Isso me dá uma paz e um sentido aos mistérios da natureza que não tenho poder para descrever.

Young India, 1 de outubro de 1931 (SB, p. 24)

Capítulo 4 – *Ahimsa* ou o caminho da não violência

Vi que nações, como indivíduos, só poderiam ser construídas por meio da agonia da cruz e de nenhuma outra forma. A alegria não vem da dor que se aflige aos outros, mas da dor voluntariamente suportada por si mesmo.

Young India, 31 de dezembro de 1931 (SB, p. 18)

Se voltarmos nossos olhos para o tempo em que a história passa a ter algum registro até o nosso tempo, descobriremos que o homem tem progredido firmemente em direção ao *ahimsa*. Nossos ancestrais remotos eram canibais. Depois, chegou uma época em que eles se cansaram do canibalismo e começaram a viver da caça. No estágio seguinte, envergonhado da vida de caçador errante, o homem passou a dedicar-se à agricultura, dependendo primordialmente da natureza para a própria subsistência. Assim, de nômade, ele passou a ter uma vida estável e civilizada, fundando aldeias e vilas, e deixou de ser membro somente de uma família, tornando-se membro de uma comunidade e de uma nação. Tudo isso são sinais de *ahimsa* progressivo e regressão do *himsa*. Se fosse ao contrário, a espécie humana já estaria extinta a esta altura, assim como muitas espécies inferiores desapareceram. Profetas e *avatares* também ensinaram a lição do *ahimsa* em algum nível. Nenhum deles professou o ensino do *himsa*. E como seria de outra forma? O *himsa* não precisa ser ensinado. O homem, enquanto animal, é violento, mas, enquanto Espírito, é não violento. No momento em que ele desperta para o Espírito interior, ele não pode permanecer violento. Ou ele progride em direção ao *ahimsa*, ou sucumbe à desgraça. É por isso que os profetas e *avatares* ensinaram a lição da verdade, harmonia, irmandade, justiça etc. – todas estas atributos do *ahimsa*.

Harijan, 11 de agosto de 1940 (SB, p. 23)

Afirmo que, mesmo neste momento, em que a estrutura social não se baseia numa aceitação consciente da não violência, o mundo todo se sustenta na humanidade, e os homens retêm suas posses com o consentimento uns dos outros. Se não tivesse sido assim, somente os poucos mais ferozes teriam sobrevivido. Mas não é o caso. As famílias estão unidas por laços de amor, como os grupos da chamada sociedade civilizada, denominada nação. Só eles não reconhecem a supremacia da lei da não violência. Conclui-se, portanto, que eles não investigaram suas vastas possibilidades. Até agora, por pura inércia, devo dizer, admitimos como certo que a não violência completa só é possível para os poucos que fazem voto de não possessão e as abstinências aliadas. Embora seja verdade que só os devotos podem continuar o trabalho de pesquisa e declarar, de tempos em tempos, as novas possibilidades da grande lei eterna que governa o homem, se é uma lei, ela deve ser válida para todos. Os muitos fracassos que vemos não são da lei, mas dos seguidores, muitos dos quais nem sequer sabem que estão sob a lei, querendo ou não. Quando uma mãe morre por seu filho, ela inconscientemente obedece à lei. Tenho trabalhado, nos últimos cinquenta anos, por uma aceitação consciente da lei e sua prática zelosa, mesmo em face dos fracassos. Cinquenta anos de trabalho mostraram resultados maravilhosos e fortaleceram minha fé. Afirmo que, pela prática constante, chegaremos a um estado de coisas em que a posse legítima suscitará o respeito universal e voluntário. Não há dúvida de que tal posse não será contaminada. Não será uma demonstração provocativa das desigualdades que nos cercam em toda parte. Tampouco o problema da posse injusta e ilegal precisa apavorar o devoto da não violência. Ele tem à sua disposição a arma não violenta do *satyagraha* e da não cooperação, que até agora tem se mostrado uma substituta perfeita à violência, sempre que aplicada honestamente e na medida certa. Jamais afirmei ter apresentado a ciência completa da não violência. Ela não se presta a tal tratamento. Até onde sei, nenhuma ciência física se presta a isso, nem mesmo a ciência exata da matemática. Sou apenas um buscador.

Harijan, 22 de fevereiro de 1942 (SB, p. 24-25)

Capítulo 4 – *Ahimsa* ou o caminho da não violência

Na aplicação do *satyagraha*, descobri, nos primeiros estágios, que a busca da verdade não admitia que se infligisse violência a nosso adversário, mas que ele deveria ser desviado do erro com paciência e compreensão. Pois, o que parece ser verdade para um pode parecer errado para outro. E paciência significa sofrimento próprio. Assim, a doutrina passou a significar a vindicação da verdade, não infligindo sofrimento ao adversário, mas a si mesmo.

Young India, novembro de 1919 (SB, p. 17-18)

Nesta época de maravilhas, ninguém dirá que uma coisa ou ideia é inútil porque é nova. Dizer que é impossível porque é difícil tampouco está em consonância com o espírito da época. Coisas não sonhadas estão sendo vistas diariamente, o impossível está se tornando possível. Estamos sendo constantemente surpreendidos hoje em dia com as incríveis descobertas no campo da violência. Mas sustento que muito mais descobertas inimagináveis e aparentemente impossíveis serão feitas no campo da não violência.

Harijan, 25 de agosto de 1940 (SB, p. 31-32)

O homem e sua ação são duas coisas distintas. É bastante apropriado resistir e atacar um sistema, mas resistir e atacar seu autor é o mesmo que resistir e atacar a si mesmo. Pois fomos todos moldados com a mesma forma e somos todos filhos do mesmo e único Criador, e, portanto, os poderes divinos que temos dentro de nós são infinitos. Desprezar um único ser humano é desprezar esses poderes divinos, o que prejudica não somente esse ser, mas o mundo inteiro. (SB, p. 27-28)

A não violência é um princípio universal, e sua operação não é limitada por um ambiente hostil. Aliás, sua eficácia só pode ser testada em meio à oposição. Nossa não violência seria algo vazio

e de nada valeria se dependesse, para seu sucesso, da boa vontade das autoridades.
Harijan, 12 de novembro de 1938 (SB, p. 33)

A única condição para o uso bem-sucedido dessa força é o reconhecimento da existência da alma, como uma entidade separada do corpo, e de sua natureza permanente. E esse reconhecimento deve corresponder a uma fé viva e não a um mero entendimento intelectual.
Harijan, 12 de novembro de 1938 (SB, p. 32)

Alguns amigos me disseram que a verdade e a não violência não têm lugar na política e nos assuntos de interesse mundial. Não concordo. Elas não têm nenhuma utilidade como meio de salvação pessoal. Sua introdução e aplicação na vida cotidiana têm sido minha experiência permanente.
Harijan, 12 de novembro de 1938 (SB, p. 33)

Nenhum homem poderia ser ativamente não violento e não se levantar contra a injustiça social, não importando onde ocorresse.
Harijan, 12 de novembro de 1938 (SB, p. 33)

A resistência passiva é um método de garantir direitos pelo sofrimento pessoal. É o contrário da resistência braçal. Quando me recuso a fazer algo que é repugnante à minha consciência, uso a força da alma. Por exemplo, o governo atual aprovou uma lei que se aplica a mim. Não gosto dela. Se, por meio da violência, eu obrigar o governo a revogar a lei, estou empregando o que pode ser chamado de força corporal. Se eu não obedecer à lei e aceitar a penalidade por sua violação, estou empregando a força da alma, que envolve o sacrifício do ego.

Todo mundo admite que o sacrifício do ego é infinitamente superior ao sacrifício dos outros. Além disso, se esse tipo de força for utilizado numa causa injusta, somente aquele que a utilizou sofrerá. Ele não faz os outros sofrerem pelos seus erros. Os homens já fizeram muitas coisas que posteriormente foram consideradas erradas. Nenhum homem pode alegar que ele está absolutamente certo ou que algo em particular está errado porque ele pensa assim, mas é errado para ele desde que esse seja seu julgamento deliberado. É evidente, portanto, que ele não deve fazer aquilo que sabe estar errado e sofrer a consequência, seja ela qual for. Essa é a chave para o emprego da força da alma.

Harijan, 20 de abril de 1940 (SB, p. 34)

Um devoto do *ahimsa* não pode endossar a fórmula utilitarista (do bem maior do maior número de pessoas). Ele lutará pelo bem maior de todos e morrerá na tentativa de realizar esse ideal. Ele estará, portanto, disposto a morrer para que os outros possam viver. Ele servirá ao resto, com a própria morte. O bem maior de todos inclui, inevitavelmente, o bem do maior número de pessoas, e, portanto, ele e o utilitarista convergirão em muitos pontos de sua carreira, mas chega um momento em que eles devem se separar e até trabalhar em direções opostas. O utilitarista, pela lógica, nunca se sacrificará. O absolutista é capaz até de se sacrificar.

Young India, 9 de dezembro de 1926 (SB, p. 38-39)

Você pode dizer, é claro, que não é possível haver rebelião não violenta e que não houve nenhum caso registrado ao longo da história. Bem, tenho a ambição de ser um caso, e sonho com que meu país possa conquistar sua liberdade por meio da não violência. E quero repetir ao mundo, quantas vezes for necessário, que não comprarei a liberdade do meu país à custa da não violência. Meu casamento com a não violência é algo tão absoluto que eu preferiria cometer suicídio a ser desviado de minha posição. Não mencionei a verdade nessa conexão, simplesmente porque a verdade não pode ser expressa exceto pela não violência.

Young India, 12 de novembro de 1931 (SB, p. 142-143)

A experiência acumulada nos últimos trinta anos (os primeiros oito passados na África do Sul) enche-me de esperança de que na adoção da não violência esteja o futuro da Índia e do mundo. É a maneira mais inofensiva e igualmente eficaz de lidar com as injustiças políticas e econômicas da parcela oprimida da humanidade. Eu sabia, desde a juventude, que a não violência não é uma virtude de clausura a ser praticada pelo indivíduo para a paz e a salvação final, mas uma regra de conduta para a sociedade que quiser viver com dignidade humana e progredir em direção à conquista da paz pela qual anseia há tempos.
Correspondência de Gandhi com o governo, 1942-1944
(SB, p. 145)

Até o ano de 1906, simplesmente confiei no apelo à razão. Fui um reformador muito esforçado. Eu era um bom relator, pois sempre tive uma boa compreensão dos fatos, o que, por sua vez, era resultado de minha meticulosa valorização da verdade. Mas descobri que a razão não conseguiu produzir impacto quando o momento crítico chegou à África do Sul. Meu povo estava agitado. Até os mais fracos se revoltam quando maltratados, e ouviam-se rumores de vingança. Tive então de escolher entre me aliar à violência ou descobrir algum outro método para enfrentar a crise e deter a podridão, e me ocorreu que deveríamos nos recusar a obedecer à legislação degradante e deixar que eles nos prendessem se quisessem. Assim surgiu o equivalente moral à guerra. Eu era, na época, um legalista, porque acreditava implicitamente que as atividades do Império Britânico, no total, eram boas para a Índia e para a humanidade. Chegando à Inglaterra logo após a eclosão da guerra, mergulhei nisso e, mais tarde, quando fui forçado a voltar para a Índia como resultado da pleurisia que me acometera, conduzi uma campanha de recrutamento correndo risco de vida, para horror de alguns amigos meus. A desilusão veio em 1919, após a aprovação da Lei Black Rowlatt* e a recusa do governo em dar a

---

* Lei que privava os indianos de algumas liberdades civis fundamentais.

Capítulo 4 – *Ahimsa* ou o caminho da não violência

simples reparação elementar dos erros provados que solicitamos. E assim, em 1920, tornei-me um rebelde. Desde então, tem crescido em mim a convicção de que as coisas de vital importância para o povo não são garantidas somente pela razão, mas devem ser conquistadas com sofrimento. O sofrimento é a lei dos seres humanos; a guerra é a lei da selva. Mas o sofrimento é infinitamente mais poderoso do que a lei da selva para transformar o adversário e abrir seus ouvidos, que estão fechados, para a voz da razão. Ninguém deve ter elaborado mais petições ou adotado mais causas desesperadas do que eu, e cheguei à conclusão fundamental de que, se você quiser realizar algo realmente importante, não basta atender à razão: o coração também deve entrar no jogo. O apelo da razão fala à cabeça, mas o coração só pode ser envolvido pelo sofrimento, que propicia a compreensão interna no homem. O sofrimento é o emblema da raça humana, não a espada.

Young India, 4 de novembro de 1931 (SB, p. 146-147)

A não violência é um poder que pode ser exercido igualmente por todos – crianças, jovens e adultos de ambos os sexos –, desde que tenham uma fé viva no Deus do Amor e tenham, portanto, igual amor por toda a humanidade. Quando a não violência é aceita como a lei da vida, ela deve permear todo o ser, e não se aplicar a atos isolados.

Harijan, 5 de setembro de 1936 (SB, p. 147)

Se quisermos ser não violentos, não devemos desejar nada nesta terra que o mais miserável ou o mais baixo dos seres humanos não possa ter.

With Gandhi in Ceylon, publicado em 1928 (SB, p. 16)

O princípio da não violência exige abstenção total de qualquer forma de exploração.

Harijan, 11 de novembro de 1939 (SB, p. 33)

Minha resistência à guerra não me leva até o ponto de frustrar aqueles que desejam participar dela. Eu penso com eles. Coloco diante deles o melhor caminho e deixo que eles façam a escolha.
Harijan, 18 de janeiro de 1942 (SB, p. 144)

Eu diria aos meus críticos para entrarem comigo nos sofrimentos, não apenas do povo da Índia, mas dos povos do mundo inteiro, envolvidos na guerra ou não. Não posso olhar para essa carnificina acontecendo no mundo com indiferença. Tenho certeza de que o ato de recorrer ao abate mútuo está muito aquém da dignidade humana. Não tenho dúvidas de que existe uma saída.
Hindustan Standard, 20 de julho de 1944 (SB, p. 145)

A não violência perfeita é impossível enquanto existirmos fisicamente, pois precisamos ocupar pelo menos algum espaço. A não violência perfeita enquanto habitamos um corpo não passa de uma teoria, como o ponto de Euclides ou a linha reta, mas temos que nos empenhar em cada momento de nossas vidas.
Harijan, 21 de julho de 1940 (SB, p. 147)

Tirar a vida pode ser um dever. De fato, destruímos vida, de acordo com nossas necessidades, para sustentar nosso corpo. Assim, para a alimentação, tiramos vida, vegetal e outras, e para o cuidado com a saúde, matamos mosquitos e outros insetos com inseticidas etc., e não nos julgamos culpados de irreligião por isso. [...] Para o benefício das espécies, matamos animais carnívoros. [...] Mesmo o abate de seres humanos pode ser necessário em certos casos. Suponha que um indivíduo saia correndo feito um louco, com uma espada na mão, matando todo mundo que passa na sua frente, e ninguém se atreve a capturá-lo vivo. Quem matar esse lunático ganhará a gratidão da comunidade e será considerado um homem benevolente.
Young India, 4 de novembro de 1926 (SB, p. 149)

Capítulo 4 – *Ahimsa* ou o caminho da não violência

Vejo que há um horror instintivo de matar seres vivos em qualquer circunstância. Por exemplo, uma alternativa tem sido sugerida no caso de cães raivosos: confiná-los num determinado lugar e deixar que eles sofram uma morte lenta. Minha ideia de compaixão torna isso impossível para mim. Não suporto, nem por um instante, ver um cachorro, ou, aliás, qualquer outro ser vivo, sofrendo a tortura de uma morte lenta. Não mato um ser humano numa circunstância dessas porque tenho soluções mais promissoras. No caso de um cachorro na mesma situação, eu o mataria, porque não tenho outra saída. Se meu filho fosse atacado por raiva e não houvesse remédio para aliviar sua agonia, consideraria meu dever tirar sua vida. O fatalismo tem seus limites. Deixamos as coisas para o destino depois de esgotar todas as soluções. Uma das soluções, e a final, para aliviar a agonia de uma criança torturada é tirar sua vida.

Young India, 18 de novembro de 1926 (SB, p. 149)

Em sua forma positiva, *ahimsa* significa o maior amor, a maior caridade. Se sou um seguidor do *ahimsa*, *devo amar* meu inimigo. Devo tratar os erros do meu inimigo ou de um estranho da mesma forma que trato os erros do meu pai ou filho. Esse *ahimsa* ativo inclui, necessariamente, verdade e destemor. Como o homem não pode enganar o ente querido, ele não o teme ou o assusta. O dom da vida é o maior de todos os dons. Um homem que o dá, na realidade, desarma toda hostilidade, abrindo o caminho para uma compreensão louvável. E ninguém que esteja sujeito ao medo pode conceder esse dom. Ele deve, portanto, ser destemido. Um homem não pode praticar *ahimsa* e ser um covarde ao mesmo tempo. A prática do *ahimsa* traz à tona a grande coragem.

Discursos e escritos de Mahatma Gandhi (SB, p. 151)

Após ter deixado a espada de lado, não tenho nada mais a oferecer àqueles que se opõem a mim do que uma taça de amor. É oferecendo essa taça que espero aproximá-los de mim. Não consigo

conceber uma inimizade permanente entres os homens, e, como acredito na teoria da reencarnação, vivo na esperança de que, se não nesta, em alguma outra encarnação serei capaz de envolver toda a humanidade num abraço de amigo.
Young India, 2 *de abril de 1931* (SB, p. 151-152)

O amor é a força mais forte que o mundo tem e, no entanto, é a mais humilde de todas.
Young India, 6 *de agosto de 1925* (SB, p. 152)

O coração mais duro e a ignorância mais grosseira devem desaparecer diante do sol nascente do sofrimento, sem raiva e sem malícia.
Young India, 19 *de fevereiro de 1925* (SB, p. 152)

A não violência "não é uma resignação frente a toda luta real contra a maldade". Pelo contrário, a não violência, de acordo com a minha concepção, é uma luta mais ativa e real contra a iniquidade do que a retaliação, cuja própria natureza é intensificar a maldade. Contemplo uma oposição mental e, portanto, moral às imoralidades. Procuro cegar completamente o fio da espada do tirano, sem antepor a ela uma arma mais afiada, mas frustrando sua expectativa de que eu fosse oferecer resistência física. A resistência da alma que ofereço o iludirá. A princípio o deslumbrará e depois exigirá dele reconhecimento, o que não o humilhará, mas o elevará. Pode-se dizer que este é um estado ideal. E assim é.
Young India, 8 *de outubro de 1925* (SB, p. 152)

O *ahimsa* é um princípio abrangente. Somos mortais indefesos pegos na conflagração do *himsa*. O ditado que diz que a vida se alimenta da própria vida tem um significado profundo. O homem não pode viver, um momento sequer, sem cometer *himsa* externo, seja conscientemente ou inconscientemente. O próprio fato de viver – comer, beber e se movimentar – envolve, necessariamente, algum *himsa*, a destruição da vida, por menor que seja. Um devoto

Capítulo 4 – *Ahimsa* ou o caminho da não violência

do *ahimsa*, portanto, permanece fiel à sua fé se a fonte de todas as suas ações for a compaixão, se ele evitar ao máximo destruir a mais ínfima criatura, se tentar salvá-la e estiver o tempo todo se esforçando para se libertar do ciclo de morte do *himsa*. Ele crescerá constantemente em termos de autocontrole e compaixão, mas jamais estará totalmente livre do *himsa* externo.

Então, novamente, como o *ahimsa* é a unidade por trás de toda a vida, o erro de um não tem como não afetar a todos e, portanto, o homem não pode estar totalmente livre do *himsa*. Enquanto ele continuar sendo um ser social, não deixará de fazer parte do *himsa* que a própria existência envolve. Quando duas nações estão lutando, o dever de um devoto do *ahimsa* é parar a guerra. Aquele que não está à altura desse dever, aquele que não tem poder de resistir à guerra, aquele que não está qualificado para resistir à guerra, pode participar da guerra e, ainda assim, tentar libertar a si mesmo, sua nação e o mundo da guerra. (AMG, p. 427-428)

Não faço distinção, do ponto de vista do *ahimsa*, entre combatentes e não combatentes. Aqueles que se oferecem para servir a um bando de delinquentes, trabalhando como seu portador, como vigia quando eles estão ocupados em seus negócios ou como enfermeiros quando eles estão feridos, são tão culpados de delinquência quanto os próprios delinquentes. Da mesma forma, aqueles que se limitam a atender aos feridos em batalha não podem ser absolvidos da culpa de guerra. (AMG, p. 428)

A questão é sutil, admitindo diferenças de opinião. Portanto, apresento meu argumento da maneira mais clara possível àqueles que acreditam no *ahimsa* e que estão fazendo grandes esforços para praticá-lo em todas as esferas da vida. Um devoto da Verdade não pode fazer nada em deferência à convenção. Ele deve estar sempre aberto à correção e, toda vez que descobrir que está errado, deve confessar seu erro e expiá-lo a todo custo. (AMG, p. 429)

A não violência, para ser uma força potente, deve começar com a mente. A não violência só do corpo, sem a participação da mente, é a não violência do fraco ou do covarde e, portanto, não tem força. Se acalentamos sentimentos de maldade e ódio em nosso coração e fingirmos não retaliar, esses sentimentos se voltarão contra nós e nos destruirão. Para que a abstenção da mera violência corporal não seja nociva, é necessário, pelo menos, não acalentar o ódio se não formos capazes de gerar o amor ativo.
Young India, 2 de abril de 1931 (SB, p. 154)

Não é um seguidor do *ahimsa* aquele que não se importa em matar o outro aos poucos, enganando-o numa negociação, aquele que protege algumas vacas com armas, dando cabo do açougueiro, ou aquele que, para fazer um suposto bem pelo seu país, não se importa em matar alguns oficiais. Todos eles são movidos pelo ódio, pela covardia e pelo medo.
Modern Review, pré-1921 (AMG, p. 155)

Oponho-me à violência, porque, quando ela parece fazer o bem, o bem é apenas temporário, mas o mal causado é permanente. Não acredito que a morte de todos os ingleses possa fazer algum bem para a Índia. Os milhões de indianos continuarão tão mal quanto hoje se alguém viabilizar a morte de todos os ingleses amanhã. A responsabilidade pelo atual estado de coisas é mais nossa do que dos ingleses. Os ingleses não terão poder de fazer o mal se fizermos só o bem. Daí minha incessante ênfase na reforma a partir de dentro.
Young India, 21 de maio de 1925 (SB, p. 157)

A história ensina que aqueles que, com motivos indubitavelmente honestos, derrubaram os gananciosos usando a força bruta contra eles tornaram-se, por sua vez, vítimas da doença dos conquistados.
Young India, 6 de maio de 1926 (SB, p. 157)

Capítulo 4 – *Ahimsa* ou o caminho da não violência

Da violência feita ao governante estrangeiro à violência contra o nosso próprio povo, que podemos considerar como um obstáculo ao progresso do país, é um passo natural. Qualquer que tenha sido o resultado das atividades violentas em outros países e sem referência à filosofia da não violência, não é preciso muito esforço intelectual para ver que, se recorrermos à violência para livrar a sociedade dos muitos abusos que impedem nosso progresso, nossas dificuldades aumentarão e o dia da liberdade será adiado. O povo despreparado para reformas por não estar convencido de sua necessidade ficará louco de raiva por sua coerção e procurará ajuda estrangeira para retaliar. E isso não tem acontecido diante de nossos olhos nos últimos anos, dos quais ainda temos lembranças dolorosamente vívidas?
Young India, 2 de janeiro de 1930 (SB, p. 159-160)

Se não posso ter nenhuma relação com a violência organizada do governo, posso muito menos ainda ter relação com a violência organizada do povo. Preferiria ser esmagado entre os dois.
Young India, 24 de novembro de 1921 (SB, p. 206)

Tenho praticado, com precisão científica, a não violência e suas possibilidades por um período ininterrupto de mais de cinquenta anos. Apliquei-a em todas as esferas da vida: doméstica, institucional, econômica e política. Não conheço nenhum caso em que ela tenha falhado. Onde parece às vezes que houve um fracasso, atribuo tal fracasso às minhas imperfeições. Não sou perfeito, mas posso dizer que sou um buscador apaixonado da Verdade, que é apenas outro nome para Deus. No curso dessa busca, a descoberta da não violência chegou a mim. Sua disseminação é minha missão de vida. Meu único interesse na vida é a realização dessa missão.
Harijan, 6 de julho de 1940 (MM, p. 42)

Para mim, é uma satisfação contar com o carinho e a confiança daqueles a cujos princípios e políticas me oponho. Os sul-africanos

demonstraram-me pessoalmente sua confiança, estendendo-me sua amizade. Apesar de minha denúncia da política e do sistema britânicos, desfruto do afeto de milhares de ingleses, e apesar da condenação absoluta da civilização materialista moderna, o círculo de amigos europeus e americanos está sempre aumentando. É, novamente, um triunfo da não violência.
Young India, 17 de março de 1927 (MM, p. 3-4)

Minha experiência, que fica mais forte e mais rica a cada dia que passa, me diz que não há como haver paz para os indivíduos ou para as nações sem a prática da verdade e da não violência, na medida do possível para o homem. A política de retaliação nunca teve sucesso.
Young India, 15 de dezembro de 1927 (MM, p. 44)

Meu amor pela não violência é superior a qualquer outra coisa, mundana ou supramundana. Iguala-se somente a meu amor pela verdade, que, para mim, é sinônimo de não violência, e só através dela é que posso ver e alcançar a Verdade. Meu plano de vida, se não distingue entre diferentes religiosos na Índia, também não distingue entre diferentes raças. Para mim, "um homem é um homem por tudo isso".*
Young India, 20 de fevereiro de 1930 (MM, p. 44)

Sou apenas um mero aspirante, sempre falhando, sempre tentando. Meus fracassos me tornam mais vigilante do que antes e intensificam minha fé. Posso ver, pela lente da fé, que a observância da doutrina dupla da verdade e da não violência tem possibilidades que sequer imaginamos.
The Mind of Mahatma Gandhi (MM, p. 44)

Sou um otimista irrepreensível. Meu otimismo se baseia na crença de que o indivíduo tem infinitas possibilidades para desenvolver

---
* "A man is a man for a' that", poema de Robert Burns. (N.T.)

Capítulo 4 – AHIMSA OU O CAMINHO DA NÃO VIOLÊNCIA

a não violência. Quanto mais você a desenvolve em seu próprio ser, mais contagiosa ela se torna, até atingir toda a vizinhança e, aos poucos, conquistar o mundo.

Harijan, 28 de janeiro de 1939 (MM, p. 46)

Na minha opinião, não violência não é passividade de forma alguma. A não violência, como eu a entendo, é a força mais ativa do mundo. [...] A não violência é a lei suprema. Durante meu meio século de experiência, ainda não me deparei com uma situação em que tivesse de dizer que não havia saída, que não tinha solução em termos de não violência.

Harijan, 24 de dezembro de 1935 (MM, p. 46)

O teste decisivo da não violência é que, num conflito não violento, não há rancor e, no final, os inimigos se tornam amigos. Essa foi a minha experiência na África do Sul com o general Smuts. No início, ele era meu maior adversário e crítico. Hoje ele é meu melhor amigo.

Harijan, 12 de novembro de 1938 (MM, p. 46)

A força para matar não é essencial na autodefesa; devemos ter força para morrer. Quando um homem está totalmente pronto para morrer, nem o desejo de violência ele terá. Aliás, posso afirmar, sem medo de errar, que o desejo de matar é inversamente proporcional ao desejo de morrer. E a história está repleta de casos de homens que ao morrerem com coragem e compaixão nos lábios transformaram os corações de seus adversários violentos.

Young India, 21 de janeiro de 1930 (MM, p. 48-49)

Sou apenas um humilde explorador da ciência da não violência. Suas profundezas ocultas às vezes me desconcertam tanto quanto desconcertam meus colegas de trabalho.

Young India, 20 de novembro de 1924 (MM, p. 48)

Tornou-se moda hoje em dia dizer que a sociedade não pode ser organizada ou dirigida em linhas não violentas. Contesto esse ponto. Numa família, quando um pai bate no filho delinquente, o filho não pensa em retaliar. Ele obedece ao pai não por causa do efeito dissuasivo da bofetada, mas por causa do amor ferido que ele sente por trás dela. Isso, na minha opinião, é um epítome do modo como a sociedade é ou deveria ser governada. O que vale para a família deve valer para a sociedade, que é apenas uma família maior.
Harijan, 3 de dezembro de 1938 (MM, p. 50)

Não quero viver à custa da vida nem mesmo de uma cobra. Deveria deixá-la me picar e morrer em vez de matá-la. Mas é provável que, se Deus me colocar nesse teste cruel e permitir que uma cobra me ataque, eu não tenha coragem de morrer. Meu lado animal se imporá e me fará matar a cobra para defender este corpo perecível. Admito que minha crença não se tornou tão enraizada em mim a ponto de poder afirmar que perdi todo o medo de cobras e que poderia fazer amizade com elas como gostaria. (MM, p. 52)

Não me oponho ao progresso da ciência. Pelo contrário, o espírito científico do Ocidente tem minha admiração, e essa admiração se deve ao fato de que os cientistas do Ocidente não estudam as criações inferiores de Deus. Abomino a vivissecção com toda a minha alma. Detesto a matança imperdoável de vida inocente em nome da ciência e da chamada humanidade, assim como todas as descobertas científicas manchadas de sangue inocente, que considero insignificantes. Se a teoria da circulação do sangue não poderia ter sido descoberta sem a vivissecção, a espécie humana poderia muito bem ter passado sem ela. E vejo claramente o dia em que o cientista honesto do Ocidente colocará limites aos métodos atuais de busca de conhecimento.
Young India, 17 de dezembro de 1925 (MM, p. 54)

A não violência não é algo fácil de entender, muito menos de praticar, fracos como somos. Devemos todos agir com devoção

Capítulo 4 – *Ahimsa* ou o caminho da não violência

e humildade, pedindo sempre a Deus que abra os olhos de nossa compreensão, para que estejamos sempre prontos a agir de acordo com a luz que recebemos diariamente. Minha tarefa como amante e promotor da paz, portanto, consiste atualmente numa devoção inabalável à não violência na campanha pela retomada da nossa liberdade. E se a Índia conseguir retomar essa liberdade, isso contribuirá enormemente para a paz mundial.

Young India, 7 de fevereiro de 1929 (MM, p. 58)

A resistência passiva é uma espada de múltiplos gumes: pode ser usada de qualquer maneira. Traz benção para quem a usa e para aquele contra quem ela é usada. Sem derramar uma gota de sangue, produz resultados de longo alcance. Nunca enferruja e não pode ser roubada.

Hind Swaraj ou Indian Home Rule, 1909 (MM, p. 63)

A desobediência civil deve ser sincera, respeitosa, contida, jamais desafiadora. Deve basear-se em algum princípio bem compreendido, não deve ser caprichosa e, acima de tudo, não deve ser motivada por má vontade ou ódio.

Young India, 24 de março de 1920 (MM, p. 64)

Jesus Cristo, Daniel e Sócrates representaram a forma mais pura de resistência passiva ou força da alma. Todos esses mestres consideravam o corpo como nada em comparação com a alma. Tolstói foi o melhor e mais brilhante expoente (moderno) da doutrina. Ele não apenas a expôs, mas viveu de acordo com ela. Na Índia, a doutrina foi compreendida e praticada muito antes de entrar em voga na Europa. É fácil ver que a força da alma é infinitamente superior à força do corpo. Se as pessoas, a fim de assegurar a reparação de seus erros, recorrerem à força da alma, grande parte do sofrimento atual será evitado.

Discursos e escritos de Mahatma Gandhi, 1933 (MM, p. 68)

Buda, destemidamente, levou a guerra ao acampamento do inimigo e derrotou um sacerdócio arrogante. Cristo expulsou os vendilhões do Templo de Jerusalém e trouxe maldições do Céu sobre os hipócritas e fariseus. Ambos agiam de modo enérgico e direto, mas, mesmo quando Buda e Cristo castigavam, demonstravam amor e bondade inquestionáveis por trás de seus atos. Não levantavam um dedo sequer contra seus inimigos, mas prefeririam se render a abrir mão da verdade pela qual viviam. Buda teria morrido resistindo ao sacerdócio, se a majestade de seu amor não tivesse se igualado à tarefa de dobrar o sacerdócio. Cristo morreu na cruz com uma coroa de espinhos na cabeça, desafiando o poder de todo um império. E se eu provocar resistências de caráter não violento, estarei apenas humildemente seguindo os passos dos grandes mestres.
Young India, 12 de maio de 1920 (MM, p. 68-69)

De acordo com a lei do *satyagraha*, se um homem não tiver armas em suas mãos e não conseguir pensar numa saída, ele deve dar o passo final de renunciar a seu corpo.
Bapu's letters to Mira (DM, p. 296)

Ahimsa é a força da alma, e a alma é imperecível, imutável e eterna. A bomba atômica é o auge da força física e, como tal, está sujeita à lei de dissipação, decadência e morte que governa o universo físico. Nossas escrituras dizem que, quando a força da alma é totalmente despertada em nós, ela se torna irresistível. Mas o teste e a condição do despertar total é que ele deve permear cada poro do nosso ser e emanar a cada respiração nossa.

Mas nenhuma instituição pode ser transformada em não violenta de modo compulsório. A não violência e a verdade não podem ser escritas numa Constituição. Elas devem ser adotadas por vontade própria e ser algo natural para nós, como uma segunda pele. Caso contrário, tornam-se contraditórias.
Mahatma Gandhi, The Last Phase, II, c. 1947 (MGP, II, p. 124-125)

Capítulo 4 – *Ahimsa* ou o caminho da não violência

A vida é uma aspiração. Sua missão é lutar pela perfeição, que é a autorrealização. O ideal não deve ser rebaixado por causa de nossas fraquezas e imperfeições. [...] Aquele que vincula seu destino ao *ahimsa*, a lei do amor, reduz diariamente o ciclo de destruição e, na mesma medida, promove a vida e o amor; aquele que jura pelo *himsa*, a lei do ódio, aumenta diariamente o ciclo de destruição e, na mesma medida, promove a morte e o ódio.

Harijan, 22 de junho de 1935 (MGP, II, p. 507)

Na vida, é impossível evitar completamente a violência. O que nos leva à pergunta: por onde passa essa linha? A linha não pode ser a mesma para todos. Pois, embora, em essência, o princípio seja o mesmo, cada um o aplica à sua maneira. O que é alimento para um pode ser veneno para outro. Comer carne é pecado para mim. No entanto, para outra pessoa, que sempre comeu carne e nunca viu nada de errado nisso, o pecado será deixar de comer carne só para me copiar.

Se eu quiser ser agricultor e viver no mato, terei de usar a mínima violência necessária para proteger meu território. Terei de matar macacos, pássaros e insetos, que destroem as plantações. Se não quiser fazê-lo eu mesmo, terei de pedir a alguém que faça por mim. Não há muita diferença entre os dois. Permitir que as colheitas sejam consumidas pelos animais em nome do *ahimsa* enquanto há fome na terra é, sem dúvida, um pecado. Mal e bem são termos relativos. O que é bom em determinadas circunstâncias pode se tornar um mal ou um pecado em outras.

O homem não deve se afogar no poço dos *shastras*, mas deve mergulhar em seu imenso oceano e trazer pérolas de lá. Em cada caso, ele tem de usar sua capacidade de discernimento para distinguir o que é *ahimsa* e o que é *himsa*. Nisso não há espaço para vergonha ou covardia. Como disse o poeta, o caminho que conduz a Deus é para os corajosos, nunca para os covardes.

Mahatma, VII, 1946 (MT, VII, p. 152-153)

Dizer ou escrever uma palavra desagradável não é um gesto de violência, especialmente quando o orador ou escritor acredita que aquilo seja verdade. A essência da violência pressupõe que haja uma intenção violenta por trás de um pensamento, palavra ou ação, ou seja, a intenção de fazer mal ao dito "adversário". Falsas noções de propriedade ou medo de ferir suscetibilidades muitas vezes impedem as pessoas de dizer o que querem, o que acaba as levando às raias da hipocrisia. Mas para que a não violência do pensamento possa ser desenvolvida em indivíduos, sociedades ou nações, a verdade deve ser dita, por mais dura ou desagradável que ela possa ser no momento.
Harijan, 19 de dezembro de 1936 (SB, p. 150-151)

Nada jamais foi realizado nesta terra sem ação direta. Rejeito a expressão "resistência passiva" por sua insuficiência e por ela ser interpretada como uma arma do fraco.
Young India, 12 de maio de 1920 (SB, p. 153)

A não violência pressupõe a capacidade de fazer greve. É uma restrição consciente e deliberada colocada sobre o desejo de vingança. Mas a vingança é sempre superior à submissão passiva, efeminada e impotente. O perdão é algo ainda mais elevado. A vingança também é fraqueza. O desejo de vingança vem do medo do dano, imaginário ou real. Um homem que não teme ninguém não se dá ao trabalho nem mesmo de sentir raiva de alguém que deseja, em vão, prejudicá-lo.
Young India, 12 de agosto de 1926 (SB, p. 153)

A não violência e a covardia não se dão. Consigo imaginar um homem totalmente armado que seja um covarde por dentro. A posse de armas pressupõe um elemento de medo, para não dizer de covardia. A verdadeira não violência só é possível com absoluto destemor.
Harijan, 15 de julho de 1939 (SB, p. 154)

Capítulo 4 – *Ahimsa* ou o caminho da não violência

Minha crença na não violência é uma força extremamente ativa. Não há espaço para covardia ou fraqueza. Um homem violento pode vir a ser não violento um dia, mas um covarde jamais o conseguirá. Por isso, afirmei mais de uma vez nestas páginas que, se não soubermos defender a nós mesmos, as nossas mulheres e os nossos lugares de culto pela força do sofrimento, ou seja, a não violência, devemos, como homens, ao menos ser capazes de defender tudo isso lutando.
Young India, 16 de junho de 1927 (SB, p. 154)

As pessoas de uma aldeia perto de Bettia disseram-me que tinham fugido enquanto a polícia saqueava suas casas e molestava suas mulheres. Quando disseram que tinham fugido porque eu lhes dissera para serem não violentos, abaixei a cabeça, de vergonha. Assegurei-lhes que esse não era o significado da minha não violência. Eu esperava que eles interceptassem a força mais poderosa que poderia haver no ato de prejudicar aqueles que estavam sob sua proteção e atraíssem qualquer dano para si, sem retaliação, mesmo que isso significasse a morte, mas nunca que eles fugissem do olho do furacão. Era um gesto de virilidade defender a propriedade, a honra ou a religião de alguém com o uso da espada. Mais viril e nobre ainda seria defendê-los sem ferir o malfeitor. Mas não era nada viril, natural e honroso abandonar o barco e, a fim de salvar a própria pele, deixar a propriedade, a honra ou a religião à mercê do malfeitor. Meu modo de transmitir o *ahimsa* se destinava àqueles que sabiam morrer, não àqueles que tinham medo da morte.
Gandhi in Indian Villages, publicado em 1927 (SB, p. 155-156)

Prefiro arriscar a violência mil vezes a emascular toda uma raça.
Young India, 4 de agosto de 1920 (SB, p. 156)

Minha não violência não admite que se fuja do perigo, deixando os entes queridos desprotegidos. Entre a violência e a fuga covarde, vejo-me obrigado a preferir a violência à covardia. Pregar a não violência a um covarde é como querer que um cego desfrute de belas paisagens. A não violência é o ápice da bravura. E, em minha própria experiência, não tive dificuldade em demonstrar a homens treinados na escola da violência a superioridade da não violência. Como covarde que fui durante anos, sempre acalentei a violência. Só comecei a valorizar a não violência quando comecei a me livrar da covardia.

Young India, 28 de maio de 1924 (MM, p. 47)

A não violência não pode ser ensinada a uma pessoa que tem medo de morrer e não tem poder de resistência. Um rato indefeso não é não violento por ser vítima do gato. Ele devoraria com prazer o bichano assassino se pudesse, mas vive tentando fugir dele. E não o chamamos de covarde, porque a natureza fez com que ele se comportasse dessa maneira. Mas um homem que, diante do perigo, se comporta como um rato, é chamado de covarde com razão. Ele acalenta violência e ódio em seu coração e mataria seu inimigo se pudesse, sem se ferir. A não violência é um conceito estranho para ele. Nem adianta falar sobre ela. Não há bravura em sua natureza. Para compreender a não violência, primeiro ele precisa aprender a manter sua posição e até mesmo a se entregar à morte na tentativa de se defender contra o agressor que provavelmente o subjugará. Fazer o contrário seria confirmar sua covardia e distanciar-se ainda mais da não violência. Embora eu não possa ajudar ninguém a retaliar, não devo deixar um covarde se esconder atrás da suposta não violência. Sem saber de que material é feita a não violência, muitos acreditaram piamente que fugir do perigo é uma virtude comparável à resistência, especialmente em casos de perigo de vida. Como professor de não violência, devo, na medida do possível, proteger-me dessa crença pouco varonil.

Harijan, 20 de julho de 1935 (MM, p. 49)

Capítulo 4 – *Ahimsa* ou o caminho da não violência

Não importa quão fraco um indivíduo seja fisicamente: se for uma vergonha fugir, ele deve permanecer em seu posto e morrer onde está. Isso seria não violência e bravura. Por mais fraco que ele seja, se ele usa a força que tem para infligir dano em seu adversário e morre nessa tentativa, isso é bravura, mas não é não violência. Fugir quando o dever é enfrentar o perigo é covardia. No primeiro caso, o homem será visto com amor e bondade. No segundo e no terceiro casos, com aversão, desconfiança e medo.

Harijan, 17 de agosto de 1935 (MM, p. 50)

Supondo que eu fosse negro e minha irmã fosse violentada por um branco ou linchada por uma comunidade inteira. Qual seria meu dever? Eu me pergunto. E a resposta me vem: não devo desejar mal a eles, mas tampouco devo cooperar com eles. Pode ser que, no dia a dia, eu dependa dessa comunidade para meu sustento. Recuso-me a cooperar com eles, recuso-me, inclusive, a tocar na comida que vem deles e recuso-me a cooperar até mesmo com meus irmãos negros que toleram o mal. Essa é a autoimolação a que me refiro. Muitas vezes, em minha vida, recorri ao plano. Claro, um ato mecânico de fome não significará nada. Nossa fé deve permanecer inalterada enquanto a vida se esvai, minuto a minuto. Mas sou um péssimo exemplo da prática da não violência, e minha resposta pode não o convencer. De qualquer forma, estou me esforçando muito, e mesmo que não tenha sucesso nesta vida, minha fé não diminuirá.

Mahatma, IV, 1936 (MT, IV, p. 61)

Nesta época em que impera a lei da força bruta, é quase impossível acreditar que alguém poderia rejeitar a lei da supremacia final da força bruta. E assim recebo cartas anônimas me avisando que não devo interferir no progresso do movimento de não cooperação, mesmo que irrompa a violência popular. Outros vêm até mim e, supondo que estou tramando violência às escondidas, indagam quando chegará o feliz momento de declarar abertamente a violência. Eles me asseguram de que os ingleses jamais se renderão, exceto à violência, secreta ou aberta. Outros ainda, sou informado, acreditam que sou a pessoa mais desprezível da Índia, porque nunca dou a conhecer minha verdadeira intenção, e eles não têm a menor dúvida de que acredito na violência como a maioria das pessoas.

Sendo esse o domínio que a doutrina da espada tem sobre a maioria da humanidade, e como o sucesso da não cooperação depende principalmente da ausência de violência durante sua pendência, e como os meus pontos de vista sobre este assunto afetam a conduta de um grande número de pessoas, estou ansioso para declará-los o mais claramente possível.

Onde há apenas a escolha entre a covardia e a violência, aconselho a violência. Assim, quando meu filho mais velho me perguntou o que ele deveria fazer se estivesse presente quando fui quase mortalmente agredido em 1908, se deveria fugir, deixando--me ser morto, ou se deveria usar sua força física, que ele podia e queria usar, para me defender, eu lhe disse que era seu dever me defender, mesmo usando a violência. Por isso, participei da Guerra dos Bôeres, da chamada rebelião zulu, e da guerra recente. Por isso também defendo o treinamento em armas para aqueles que acreditam no método da violência. Prefeririria que a Índia recorresse às armas para defender sua honra a que se tornasse ou continuasse sendo, covardemente, uma testemunha indefesa de sua própria desonra.

Acredito, porém, que a não violência seja infinitamente superior à violência, e o perdão, mais poderoso do que a punição. O perdão adorna um soldado. Mas a abstinência é perdão somente quando há o poder de punir; não tem sentido quando procede de uma criatura indefesa. Um rato não perdoa um gato quando se deixa despedaçar por ele. Eu, portanto, aprecio o sentimento daqueles que clamam pelo devido castigo do general Dyer e sua turma. Eles o despedaçariam se pudessem. Mas não acredito que

Capítulo 4 – *Ahimsa* ou o caminho da não violência

a Índia seja uma criatura indefesa. Só quero usar a força da Índia e a minha própria para um propósito melhor. Que eu não seja mal interpretado. A força não vem da capacidade física: vem de uma vontade indomável. Um zulu comum é mais do que um inglês comum em termos de capacidade física. Mas um adulto zulu foge de um menino inglês, porque teme o revólver do menino ou aqueles que o usarão por ele. Ele teme a morte e é covarde, apesar de corpulento. Nós, na Índia, podemos, num instante, perceber que 100 mil ingleses não precisam assustar 300 milhões de seres humanos. Um perdão definitivo significaria, portanto, um reconhecimento definitivo de nossa força. Com o perdão iluminado, deve surgir uma poderosa onda de força em nós, o que impossibilitaria que um Dyer e um Frank Johnson atacassem a cabeça fiel da Índia. Pouco me importa que, no momento, eu não me faça compreender. Nós nos sentimos muito oprimidos para não ficarmos bravos e vingativos. Mas não devo deixar de dizer que a Índia pode ganhar mais renunciando ao direito de punição. Temos um trabalho melhor a fazer, uma missão melhor para entregar ao mundo.

Não sou um visionário. Digo que sou um idealista prático. A religião da não violência não se destina somente aos *rishis* e aos santos. Destina-se também às pessoas comuns. A não violência é a lei da nossa espécie, pois a violência é a lei da brutalidade. O espírito do homem bruto está adormecido, e ele desconhece qualquer lei que não seja a da força física. A dignidade do homem requer obediência a uma lei superior, à força do espírito.

Aventurei-me a apresentar à Índia a antiga lei do autossacrifício. Pois o *satyagraha* e seus desdobramentos, a não cooperação e a resistência civil, nada mais são do que novos nomes para a lei do sofrimento. Os *rishis*, que descobriram a lei da não violência em meio à violência, foram gênios maiores do que Newton, guerreiros maiores do que Wellington. Tendo eles mesmos conhecido o uso de armas, eles perceberam sua inutilidade e ensinaram a um mundo cansado que sua salvação não se dá através da violência, mas através da não violência.

A não violência, em sua condição dinâmica, significa sofrimento consciente. Não significa dócil submissão à vontade do malfeitor, mas sim colocar toda a nossa alma contra a vontade do tirano. Trabalhando sob essa lei do nosso ser, um único indivíduo pode desafiar todo o poder de um império injusto para salvar sua honra, sua religião, sua alma e lançar as bases para a queda desse império ou sua regeneração.

E por isso não estou pedindo à Índia que pratique a não violência porque ela é fraca. Quero que ela pratique a não violência sendo consciente de sua força e poder. Nenhum treinamento em armas é necessário para a realização de sua força. Parece que precisamos disso porque pensamos que somos apenas um pedaço de carne. Quero reconhecer que ela tem uma alma que não perece e que é capaz de se elevar, triunfante, sobre todas as fraquezas físicas, desafiando a estrutura física de um mundo inteiro. [...] Se a Índia adotar a doutrina da espada, ela poderá obter uma vitória temporária. Então, a Índia deixará de ser o orgulho do meu coração. Sou casado com a Índia, porque devo tudo a ela. Acredito piamente que ela tem uma missão para o mundo, sem copiar cegamente a Europa. A aceitação, por parte da Índia, da doutrina da espada será a hora do meu julgamento. Espero não ter nenhuma falta. Minha religião não conhece limites geográficos. Se eu tiver uma fé viva nisso, ela transcenderá meu amor pela própria Índia. Minha vida é dedicada ao serviço da Índia através da religião da não violência, que acredito ser a raiz do hinduísmo.

Mahatma, II, Young India, 11 de agosto de 1920 (MT, II, p. 5-8)

Devo continuar lutando até transformar os adversários ou admito derrota. Pois minha missão é converter todos os indianos, os ingleses e, por fim, o mundo à não violência, regulamentando relações mútuas, sejam elas políticas, econômicas, sociais ou religiosas. Se me acusarem de ser ambicioso demais, devo me

declarar culpado. Se me disserem que meu sonho nunca poderá se concretizar, respondei "é possível" e seguirei meu caminho. Sou um soldado experiente da não violência e tenho provas suficientes para sustentar minha fé. Portanto, seja com um companheiro, com mais ou com nenhum, continuarei minha experiência.
Mahatma, V, Harijan, 13 de janeiro de 1940 (MT, V, p. 273)

Alguns amigos americanos deram a entender que a bomba atômica trará um *ahimsa* inédito. É verdade, se eles estiverem querendo dizer que seu poder destruidor desagradará de tal forma ao mundo que o afastará da violência por um tempo. E isso é muito parecido com um homem se fartando de "delícias a ponto da náusea, e se afastando delas somente para retornar com zelo redobrado após o efeito da náusea ter passado". Precisamente da mesma maneira o mundo retornará à violência com zelo renovado após o efeito de nojo ter passado.

Muitas vezes o bem vem do mal. Mas esse plano é de Deus, não do homem. O homem sabe apenas que o mal vem do mal, como o bem vem do bem. [...] A moral a ser legitimamente tirada da tragédia suprema da bomba atômica é que ela não será destruída por antibombas, assim como a violência não pode ser destruída com antiviolência. A humanidade só se livrará da violência por meio da não violência. O ódio só pode ser superado pelo amor. O antiódio só aumenta a superfície, assim como a profundidade do ódio.

Sei que estou repetindo o que já disse e pratiquei, como pude, muitas vezes. O que eu disse lá atrás não é nenhuma novidade; é algo tão antigo quanto as montanhas. Pelo menos não recitei nenhuma frase pronta. Declarei aquilo em que acreditava com todo o meu ser. Sessenta anos de prática em várias esferas da vida apenas enriqueceram a crença que a experiência de amigos fortaleceu. Trata-se, no entanto, da verdade central pela qual se pode ficar sozinho sem vacilar. Acredito no que Max Muller disse

anos atrás, a saber, que a verdade precisa ser repetida enquanto houver homens que não acreditam nela.
Mahatma, VII, Harijan, julho de 1946 (MT, VII, p. 171-173)

Se a Índia fizer da violência seu credo e eu sobreviver, não farei questão de viver na Índia. Ela deixará de evocar qualquer orgulho em mim. Meu patriotismo é subserviente à minha religião. Estou ligado à Índia como uma criança ao seio da mãe: porque sinto que ela me dá o alimento espiritual de que preciso. Ela tem o ambiente que responde à minha aspiração mais elevada. Quando essa fé acabar, eu me sentirei como um órfão sem esperança de encontrar um guardião.
Young India, 6 de abril de 1921 (MM, p. 133)

Capítulo 5

Autodisciplina

A civilização, no sentido real do termo, não consiste em multiplicação, mas na restrição deliberada e voluntária dos desejos. Isso, por si só, promove a verdadeira felicidade e o contentamento, e aumenta a capacidade de serviço.

Yeranda Mandir, 1935 (SB, p. 39)

Um certo grau de harmonia física e conforto é necessário, mas acima desse nível torna-se um obstáculo em vez de uma ajuda. Portanto, o ideal de criar um número ilimitado de desejos e satisfazê-los parece ser uma ilusão e uma armadilha. A satisfação das necessidades físicas, mesmo as necessidades intelectuais do "eu" limitado, deve, em algum momento, ser interrompida, antes que se transforme em voluptuosidade física e intelectual. Um homem deve organizar suas circunstâncias físicas e culturais de modo que elas não o atrapalhem em seu serviço à humanidade, no qual todas as suas energias devem estar concentradas.

Harijan, 29 de agosto de 1936 (SB, p. 39)

A relação entre o corpo e a mente é tão íntima que, se qualquer um deles não funcionar direito, todo o sistema é prejudicado. Daí resulta que um caráter puro é a base da saúde, no sentido real do termo. E podemos dizer que os pensamentos negativos e as paixões maléficas são apenas diferentes formas de doença.

Guide to Health, 1930 (SB, p. 268)

A saúde perfeita só pode ser alcançada vivendo de acordo com as leis de Deus e desafiando o poder do Satanás. A verdadeira felicidade é impossível sem uma verdadeira saúde, e a verdadeira saúde é impossível sem um rígido controle do paladar. Todos os outros sentidos estarão automaticamente sob controle quando o paladar estiver sob controle. E aquele que conquistou seus sentidos conquistou o mundo inteiro, e ele se torna uma parte de Deus.

Guide to Health, 1930 (SB, p. 268)

Entrei no jornalismo não pelo jornalismo em si, mas como um meio para o que concebi como minha missão na vida. Minha missão é ensinar pelo exemplo e por preceitos sob severa restrição o uso da inigualável arma do *satyagraha*, que é um corolário direto da não violência e da verdade. Estou ansioso, realmente impaciente, para demonstrar que não há solução para as muitas mazelas da vida, exceto a não violência, que é um solvente forte o suficiente para derreter o coração mais duro. Para ser fiel à minha fé, portanto, não posso escrever com raiva ou malícia. Não posso escrever à toa. Não posso escrever somente por paixão. O leitor não pode saber da restrição que faço toda semana na escolha de tópicos e vocabulário. É um treinamento para mim, pois me permite olhar para dentro e ficar frente a frente com minhas fraquezas. Muitas vezes minha vaidade dita uma expressão inteligente ou minha raiva, um adjetivo duro. É uma provação terrível, mas um ótimo exercício para remover tais ervas daninhas. O leitor vê as páginas do *Young India* tão bem apresentadas e, às vezes, com Romain Rolland, está inclinado a dizer: "Esse senhor deve ser bastante fino!". Bem, o mundo deve entender que a fineza é cultivada com muito cuidado e reza. E, se ela é aceitável para alguns cuja opinião aprecio, o leitor deve saber que, quando essa fineza tiver se tornado perfeitamente natural, isto é, quando eu tiver me tornado incapaz de fazer o mal e quando nenhuma rudeza ou arrogância ocupar, mesmo que momentaneamente, o mundo de meus pensamentos, então, e só então, minha não violência moverá os corações do mundo inteiro. Não coloquei diante de mim ou do leitor nenhum ideal ou provação impossível.

Capítulo 5 – Autodisciplina

Eis a prerrogativa e direito inato do homem. Perdemos o paraíso somente para reavê-lo.
Young India, 2 de julho de 1925 (SB, p. 271-272; ver também MM, p. 44)

Aprendi, pela dura experiência, a suprema lição para conter minha raiva, e assim como o calor conservado transmuta-se em energia, nossa raiva controlada pode ser transmutada num poder capaz de mover o mundo.
Young India, 15 de setembro de 1920 (MM, p. 11)

Não é que eu não fique com raiva. Eu apenas não dou vazão à raiva. Cultivo a qualidade da paciência como indiferença e, em geral, tenho bons resultados. Mas só controlo minha raiva quando ela surge. Como a controlo é uma questão inútil, pois esse é um hábito que todos devem cultivar e desenvolver pela prática constante.
Harijan, 11 de maio de 1935 (MM, p. 11)

É errado e imoral procurar escapar das consequências de seus atos. É bom para um indivíduo que come demais sentir dor depois e ser obrigado a jejuar. Não é bom satisfazer o apetite e depois querer contornar as consequências tomando tônicos ou outro remédio. Pior ainda é satisfazer as paixões animais e fugir de suas consequências. A natureza é implacável e se vingará totalmente de qualquer violação de suas leis. Os resultados morais só podem ser produzidos por restrições morais. Todas as outras restrições destroem o próprio propósito ao qual elas se destinam.
The Diary of Mahadev Desai (MM, p. 108)

Não cabe a nós criticar e julgar ninguém. Devemos julgar somente a nós mesmos, e enquanto encontramos qualquer falha em nós e quisermos que nossos amigos e conhecidos não nos abandonem por causa dessa falha, não temos o direito de nos meter na vida dos outros. Se, apesar de tudo, encontramos uma falha no outro, devemos perguntar a ele se podemos ajudar. Não temos o direito de perguntar isso a mais ninguém. (DM, p. 98)

Não fique pensando nas paixões. Ao tomar uma decisão, não volte atrás. Para fazer um voto é necessário que a mente deixe de pensar no objeto do voto. O comerciante não pensa mais nas mercadorias vendidas. Ele pensa em outras coisas. O mesmo vale para o caso de um voto.

The Diary of Mahadev Desai (DM, p. 298)

Você desejará saber quais são as marcas de um homem que quer realizar a Verdade, que é Deus. Ele deve estar completamente livre de raiva e luxúria, ganância e apego, orgulho e medo. Ele deve se anular completamente e ter absoluto controle de todos os seus sentidos, começando com o paladar ou a língua. A língua é o órgão da fala e também do gosto. É com a língua que nos entregamos ao exagero, à inverdade e à maledicência. O desejo pelo sabor nos torna escravos do paladar, de modo que, como os animais, vivemos para comer. Mas com a disciplina apropriada, podemos nos tornar seres "quase angelicais". Aquele que dominou seus sentidos é maior do que todos os homens. Todas as virtudes residem nele. Deus se manifesta através dele. Tamanho é o poder da autodisciplina.

Em conversa, junho de 1947 (MGP, II, p. 233)

Todas as regras universais de conduta conhecidas como os mandamentos de Deus são simples e fáceis de entender e realizar, se a vontade estiver presente. Elas só parecem difíceis por causa da inércia que governa a humanidade. Não há nada parado na natureza. Só Deus é imóvel, porque Ele era, é e será o mesmo ontem, hoje e amanhã e, todavia, Ele está sempre em movimento. [...] Por isso, digo que se a humanidade quiser viver, temos de nos colocar cada vez mais sob a influência da verdade e da não violência.

Discurso, 30 de outubro de 1947 (MGP, II, p. 442)

Capítulo 5 – Autodisciplina

Assim como a realização de experimentos científicos requer uma formação científica, a realização de experimentos no âmbito espiritual requer uma estrita disciplina preliminar.
Young India, 31 de dezembro de 1931 (MGP, II, p. 792)

A abstinência de bebidas alcoólicas, drogas e todos os tipos de alimentos, sobretudo carne, é sem dúvida uma grande ajuda para a evolução do *espírito*, mas não é, de forma alguma, um fim em si. Muitos homens que comem carne e temem a Deus estão mais próximos de sua liberdade do que outros que se abstêm religiosamente de carne e de muitas outras coisas, mas blasfemam contra Deus em cada um de seus atos.
Young India, 6 de outubro de 1921 (SB, p. 221)

A experiência ensina que a comida animal é inadequada para aqueles que desejam restringir suas paixões. Mas é errado superestimar a importância da comida na formação do caráter ou na subjugação da carne. A dieta é um fator poderoso que não deve ser ignorado, mas resumir toda a religião em termos de dieta, como muitas vezes acontece na Índia, é tão errado quanto desconsiderar toda restrição em relação à comida e não ter nenhum limite nessa área.
Young India, 7 de outubro de 1926 (SB, p. 221)

A experiência me ensinou que o silêncio é uma parte da disciplina espiritual de um devoto da verdade. A tendência a exagerar, suprimir ou modificar a verdade, consciente ou inconscientemente, é uma fraqueza natural do homem, e o silêncio é necessário para superá-la. Um homem de poucas palavras raramente será imprudente em seu discurso; ele medirá cada palavra. (MM, p. 32)

Isso [o silêncio] tornou-se uma necessidade física e espiritual para mim. Originalmente, recorria a ele para aliviar a sensação de pressão. Depois, precisava de tempo para escrever. No entanto, após praticá-lo por algum tempo, vi seu valor. De repente, cheguei à conclusão de que esse era o melhor momento para entrar em comunhão com Deus. E agora sinto que fui naturalmente feito para o silêncio.

Harijan, 10 de dezembro de 1938 (MM, p. 33)

O silêncio dos lábios costurados não é silêncio. Pode-se conseguir o mesmo resultado cortando a língua, mas isso também não seria silêncio. Silencioso é aquele que, tendo a capacidade de falar, não pronuncia nenhuma palavra vã.

Harijan, 24 de junho de 1933 (MM, p. 32-33)

Todo poder vem da preservação e sublimação da vitalidade que é responsável pela criação da vida. Essa vitalidade é continuamente e até mesmo inconscientemente dissipada por pensamentos divagantes, desordenados e indesejados. E como o pensamento é a raiz de toda fala e ação, a qualidade destas corresponde à qualidade daquele. Assim, o pensamento totalmente controlado é uma força de alta potência e se torna automático. [...] Se o homem é feito à imagem de Deus, ele só tem de desejar uma coisa na limitada esfera que lhe é destinada e ela vem a existir. Esse poder é inviável em alguém que dissipa sua energia de qualquer maneira.

Harijan, 23 de julho de 1938 (MGP, I, p. 573)

É melhor ter prazer com o corpo do que com o pensamento. É indicado cortar os desejos sensuais assim eles que surgirem na mente e tentar mantê-los distantes. Mas se, por falta de prazer físico, a mente se afogar em pensamentos de prazer, então é válido satisfazer a fome do corpo. Sobre isso não tenho dúvidas.

Hindi Navajivan, 9 de maio de 1929 (SB, p. 217)

O desejo sexual é algo bom e nobre. Não há do que se envergonhar em relação a isso. Mas ele serve apenas para o ato de

Capítulo 5 – Autodisciplina

criação. Qualquer outro uso dele é um pecado contra Deus e a humanidade.

Harijan, 28 de março de 1936 (SB, p. 18)

O mundo parece estar correndo atrás de coisas de valor transitório. Não tem tempo para o outro. E, no entanto, quando se pensa um pouco mais, fica claro que são as coisas eternas que contam no final. [...] Uma dessas coisas é o *brahmacharya*. O que é *brahmacharya*? É o caminho da vida que nos leva a Brahma, Deus. Inclui controle total sobre o processo de reprodução. O controle deve ser em pensamentos, palavras e ações. Se o pensamento não estiver sob controle, os outros dois não têm valor. [...] Para alguém cujo pensamento está sob controle, o resto é brincadeira de criança.

Harijan, 8 de junho de 1947 (MGP, I, p. 599)

É verdade que aquele que atingiu o *brahmacharya* perfeito não precisa de cercas de proteção. Mas o aspirante, sem dúvida, precisa delas, assim como a mangueira jovem precisa de uma cerca forte ao redor. Uma criança passa do colo da mãe ao berço e do berço ao carrinho, até se tornar um homem que aprendeu a andar sem ajuda. Apegar-se à ajuda quando desnecessário é certamente prejudicial.

Parece-me que mesmo o verdadeiro aspirante não precisa das restrições mencionadas acima. O *brahmacharya* não é uma virtude que possa ser cultivada por restrições externas. Aquele que foge de um contato necessário com uma mulher não entende o significado completo de *brahmacharya*. Por mais atraente que uma mulher possa ser, sua atração não produzirá nenhum efeito sobre o homem sem o desejo. [...]

O verdadeiro *brahmachari* evitará as falsas restrições. Ele deve criar suas próprias cercas de acordo com suas limitações, quebrando-as quando sente que são desnecessárias. A primeira coisa é saber o que é o verdadeiro *brahmacharya*, depois perceber seu valor e, por último, tentar cultivar essa virtude inestimável. Acredito que o verdadeiro serviço ao país requer essa observância.

Harijan, 15 de junho de 1947 (MGP, I, p. 600)

Sei, por experiência própria, que, enquanto eu olhava minha esposa carnalmente, não tínhamos verdadeira compreensão. Nosso amor não atingia um plano elevado. Sempre houve afeição entre nós, mas nos aproximamos cada vez mais à medida que nós, ou melhor, eu, me continha. Nunca houve qualquer falta de restrição por parte da minha esposa. Com muita frequência, ela demonstrava moderação, mas raramente resistia a mim, embora demonstrasse pouca inclinação muitas vezes. Sempre que eu desejava prazer carnal, não podia servi-la. No momento em que abandonei a vida de prazer carnal, todo o nosso relacionamento se tornou espiritual. A luxúria morreu, e o amor passou a imperar em seu lugar.

Mahatma, IV, 1936 (MT, IV, p. 57-58)

Como uma ajuda externa ao *brahmacharya*, o jejum é tão necessário quanto a escolha e a restrição na dieta. Tão avassaladores são os sentidos que eles só podem ser controlados quando estão completamente cercados de todos os lados, por cima e por baixo. Todos sabem que eles não têm poder nenhum sem comida, de modo que o jejum empreendido com o objetivo de controlar os sentidos é, sem dúvida, muito útil. Com alguns, o jejum é inútil, porque, supondo que baste jejuar mecanicamente para se tornar imune, eles deixam o corpo sem comida, mas deleitam a mente com todos os tipos de iguarias, pensando o tempo todo no que comerão e beberão após o término do jejum. Esse jejum não os ajuda a controlar nem o paladar nem a luxúria. O jejum é útil quando a mente coopera com o corpo faminto, isto é, quando cultiva desgosto por aquilo que é negado ao corpo. A raiz de toda sexualidade está na mente. O jejum, portanto, tem um poder limitado, pois um homem em jejum pode continuar sendo desviado pela paixão. (AMG, p. 258)

Capítulo 5 – Autodisciplina

O *brahmacharya* só pode ser chamado assim se resistir em qualquer situação e frente a todas as tentações possíveis. Se uma mulher bonita se aproximar de uma estátua de mármore de um homem, a estátua não é afetada. Um *brahmachari* é aquele que reage, num caso similar, da mesma forma que o mármore. Mas assim como a estátua de mármore se abstém de usar seus olhos e ouvidos, o homem deve evitar qualquer ocasião de pecado. Vocês dizem que a visão e a companhia de uma mulher são inimigas do autocontrole e, portanto, devem ser evitadas. Esse argumento é falacioso. O *brahmacharya* não merecerá esse nome se só puder ser observado evitando-se a companhia de mulheres, mesmo quando tal companhia for somente para o propósito de servir. Isso equivale à renúncia física sem o distanciamento mental essencial, e nos derruba em momentos críticos.

The Diary of Mahadev Desai (DM, p. 80)

Por vinte anos estive em contato com o Ocidente na África do Sul. Conheci os escritos sobre sexo de eminentes escritores como Havelock Ellis, Bertrand Russell, e suas teorias. Todos eles são pensadores de renome, integridade e experiência que sofreram por suas convicções e por as expressarem. Embora repudiem totalmente instituições como o casamento etc. e o atual código de moral, ponto no qual discordo deles, eles acreditam piamente na possibilidade e na necessidade de uma vida pura independente dessas instituições e práticas. Encontrei homens e mulheres no Ocidente que levam uma vida pura, embora não aceitem ou observem as práticas e convenções sociais atuais. Minha pesquisa segue um pouco nessa direção. Se admitirmos a necessidade e a conveniência de uma reforma, de descartar o antigo, sempre que necessário, e construir um novo sistema de ética e moral adequado à época atual, então a questão de buscar a permissão dos outros ou de convencê-los não existe. Um reformador não pode esperar até que os outros se convertam. Ele deve assumir a liderança e se aventurar sozinho, mesmo contrariando a oposição universal.

Quero testar, ampliar e revisar a atual definição de *brahmacharya* [...] à luz de minha observação, estudo e experiência. Portanto, sempre que uma oportunidade se apresenta, não a evito nem fujo dela. Ao contrário, considero meu dever, *dharma*, encará-la de frente e descobrir aonde ela me leva e onde estou. Evitar o contato de uma mulher, ou fugir dela por medo, considero indigno de um aspirante após um verdadeiro *brahmacharya*. Nunca tentei cultivar ou buscar contato sexual para satisfação carnal. Não estou dizendo que erradiquei completamente o desejo sexual em mim. Mas posso afirmar que sou capaz de mantê-lo sob controle.
Mahatma Gandhi, *The Last Phase, c. 1947* (MGP, I, p. 588-589)

Toda a linha de pensamento por trás do controle da natalidade é errônea e perigosa. Seus partidários afirmam que um homem não só tem o direito, mas é seu dever satisfazer o instinto animal, e que seu desenvolvimento seria interrompido se ele não cumprisse esse dever. Acho que essa afirmação é falsa. É inútil esperar autocontrole de alguém que recorre a métodos artificiais. Na verdade, o controle da natalidade é defendido com base na ideia de que a restrição da paixão animal é uma impossibilidade. Dizer que essa restrição é impossível, desnecessária ou prejudicial é negar todas as religiões. Pois toda a superestrutura da religião se sustenta sobre os fundamentos do autocontrole.
The Diary of Mahadev Desai (DM, p. 253)

Quero voltar ao assunto de controle de natalidade por contraceptivos. Dizem que a gratificação do desejo sexual é uma obrigação solene, como a obrigação de perdoar dívidas legalmente contraídas, e que não arcar com essa obrigação acarretaria a penalidade de decadência intelectual. Esse desejo sexual foi isolado do desejo de procriação, e os protagonistas do uso de contraceptivos dizem que a concepção é um acidente a ser evitado, exceto quando as partes envolvidas desejem ter filhos. Atrevo-me a sugerir que essa é uma doutrina perigosa de se pregar em qualquer lugar, muito

Capítulo 5 – Autodisciplina

mais num país como a Índia, em que a população masculina de classe média se tornou imbecil pelo abuso da função criativa. Se a satisfação do desejo sexual é um dever, a depravação antinatural e várias outras formas de gratificação seriam louváveis. O leitor deve saber que até pessoas de renome aprovam o que é comumente conhecido como perversão sexual. Ele pode ficar chocado com a declaração. Mas, se de alguma forma ela ganhar o selo de respeitabilidade, virará moda, entre meninos e meninas, satisfazer seu desejo com membros do próprio sexo. Para mim, o uso de contraceptivos não está muito longe dos meios aos quais as pessoas recorreram até agora para a satisfação de seu desejo sexual, com os resultados que poucos conhecem. Sei da devastação causada pela perversão secreta em estudantes de ambos os sexos. A introdução de anticoncepcionais sob o nome de ciência e a aprovação de líderes conhecidos da sociedade pioraram a situação e tornaram a tarefa dos reformadores que trabalham pela pureza da vida social quase impossível no momento. Posso afirmar ao leitor, sem medo de errar, que existem moças solteiras de idade impressionante, em escolas e faculdades, estudando sobre o controle da natalidade e debruçando-se, ávidas, sobre revistas a respeito, e que elas até usam contraceptivos. É impossível limitar seu uso a mulheres casadas. O casamento perde a sua santidade quando seu propósito maior é a satisfação da paixão animal sem contemplar o resultado natural de tal satisfação.
28 de março de 1936 (MT, IV, p. 73)

É errado me chamar de asceta. Os ideais que regulam minha vida são apresentados para aceitação da humanidade em geral. Cheguei a eles pela evolução gradual. Cada passo foi pensado, considerado e dado com a maior deliberação. Tanto a minha continência como a não violência derivaram da experiência pessoal e tornaram-se necessárias em resposta aos chamados de dever público. A vida isolada que tive de levar na África do Sul, seja como chefe de família, profissional de justiça, reformador social ou político, exigia, para o devido cumprimento desses deveres, a regulamentação mais estrita da vida sexual e uma prática rígida de não violência e verdade nas relações humanas, seja com meus compatriotas ou com os europeus. Sou apenas um homem comum, com capacidade inferior à da média. E não posso reivindicar qualquer mérito especial por tal não violência ou continência, que pude alcançar com laboriosa pesquisa.

Harijan, 3 de outubro de 1936 (SB, p. 215-216)

Já me decidi. No caminho solitário de Deus que resolvi trilhar, não preciso de companheiros terrestres. Que me denunciem, portanto, se eu for o impostor que imaginam que eu seja, embora não digam assim em tantas palavras. Desiludiria milhões de pessoas que insistem em me considerar um Mahatma. Devo confessar que a perspectiva de ser desmascarado dessa maneira muito me agrada.

Em conversa, 25 de fevereiro de 1947 (MGP, I, p. 586)

Capítulo 6
Paz internacional

Não acredito que um indivíduo possa ganhar espiritualmente enquanto aqueles que o rodeiam estão sofrendo. Acredito em *advaita*. Acredito na unidade essencial do homem e de tudo o que vive. Portanto, acredito que, se um homem ganha espiritualmente, o mundo inteiro ganha com ele e, se ele cai, o mundo inteiro cai junto.

Young India, 4 de dezembro de 1924 (SB, p. 27)

Não existe virtude que vise somente ao bem-estar individual, assim como não existe ofensa moral que não afete, direta ou indiretamente, muitos outros além do próprio ofensor. Portanto, o fato de alguém ser bom ou ruim não é algo que interessa só a si, mas a toda a comunidade, ou melhor, a todo o mundo.

Ethical Religion, 1930 (SB, p. 27)

Embora haja repulsa suficiente na natureza, ela *vive* de acordo com a lei da atração. O amor mútuo permite que a natureza continue existindo. O homem não vive pela destruição. O amor-próprio leva à consideração pelos outros. As nações são coesas porque há respeito mútuo entre os indivíduos que as compõem. Algum dia devemos estender a lei nacional ao universo, assim como estendemos a lei da família para formar nações, uma família maior.

Young India, 2 de março de 1922 (SB, p. 22)

A humanidade é uma só, visto que todos estão igualmente sujeitos à lei moral. Todos os homens são iguais perante os olhos de Deus.

Existem, é claro, diferenças de raça, status etc., mas quanto maior o status do homem, maior é a sua responsabilidade.
Ethical Religion, 1930 (MM, p. 137)

Minha missão não é somente a fraternidade da nação indiana. Minha missão não é somente a liberdade da Índia, embora esse assunto absorva hoje praticamente toda a minha vida e todo o meu tempo. Mesmo assim, ao atingir a liberdade da Índia, espero realizar a missão de fraternidade entre os homens. Meu patriotismo não é exclusivo. É abrangente, e rejeitarei qualquer patriotismo que se alimente do sofrimento ou exploração de outras nacionalidades. A concepção do meu patriotismo não é nada se não for sempre, em todos os casos, sem exceção, coerente com o bem maior da humanidade em geral. Não só isso, mas minha religião e o patriotismo derivado de minha religião abrangem toda a vida. Quero atingir fraternidade ou identidade não apenas com os seres chamados humanos, mas com toda a vida, inclusive com os seres que rastejam sobre a terra. Não é para chocar ninguém, mas quero me identificar até com os seres que rastejam sobre a terra, porque descendemos do mesmo Deus, e, assim, toda vida, em qualquer forma que ela se apresente, deve ser uma em essência.
Young India, 4 de abril de 1929 (MM, p. 135)

É impossível ser internacionalista sem ser nacionalista. O internacionalismo só é possível quando o nacionalismo se torna um fato, ou seja, quando povos pertencentes a diferentes países se organizam e são capazes de agir como um só homem. Não é o nacionalismo que é mau, mas a estreiteza, o egoísmo e a exclusividade que arruína as nações modernas. Todos querem lucrar à custa uns dos outros e crescer em detrimento do próximo.
Young India, 18 de junho de 1925 (MM, p. 134)

Capítulo 6 – Paz internacional

Sou um humilde servo da Índia e, na tentativa de servir à Índia, sirvo à humanidade em geral. [...] Depois de quase cinquenta anos de vida pública, posso dizer hoje que minha fé na doutrina de que o serviço a uma nação está relacionado com o serviço ao mundo inteiro cresceu. Trata-se de uma boa doutrina. Só sua aceitação melhorará a situação do mundo e deterá as invejas mútuas entre as nações que habitam este nosso globo.

Harijan, 17 de novembro de 1933 (MM, p. 135-136)

A interdependência é e deve ser o ideal do homem tanto quanto a autossuficiência. O homem é um ser social. Sem inter-relação com a sociedade, ele não pode alcançar sua unidade com o universo ou suprimir sua vaidade. Sua interdependência social lhe permite testar sua fé e provar a si mesmo com base na realidade. Se o homem estivesse em tal posição ou pudesse se posicionar de modo a ficar absolutamente acima de toda dependência de seus semelhantes, ele se tornaria tão orgulhoso e arrogante que seria um verdadeiro fardo e incômodo para o mundo. Depender da sociedade ensina-lhe humanidade. Que um homem deve ser capaz de satisfazer a maior parte de suas necessidades essenciais é óbvio, mas não é menos óbvio para mim que, quando a autossuficiência chega ao ponto de isolamento da sociedade, ela é quase como um pecado. Um homem não pode se tornar autossuficiente, mesmo em relação às diversas atividades diárias, desde o cultivo do algodão até a tecelagem. Em algum momento, ele precisa aceitar a ajuda de membros de sua família. E se alguém pode aceitar a ajuda da própria família, por que não dos vizinhos? Senão, qual o significado da grande expressão "o mundo é minha família"?

Young India, 21 de março de 1929 (MM, p. 136)

Os deveres próprios, da família, do país e do mundo não são independentes uns dos outros. Não se pode fazer bem ao país prejudicando a si mesmo ou à família. Da mesma forma, não se pode servir ao país prejudicando o mundo em geral. Em última análise, devemos morrer para que a família possa viver, a família deve morrer para que o país possa viver e o país deve morrer para que o mundo possa viver. Mas somente coisas puras podem ser oferecidas em sacrifício. Portanto, a autopurificação é o primeiro passo. Quando o coração é puro, percebemos imediatamente qual é nosso dever em cada momento.

The Diary of Mahadev Desai (DM, p. 287)

O melhor caminho é ser amigo de todo o mundo e considerar a humanidade como uma única família. Aquele que faz alguma distinção entre os devotos de sua própria religião e os devotos de outra educa equivocadamente seus próprios devotos, abrindo espaço para a exclusão e para a irreligião.

Em conversa, 6 de maio de 1946 (MGP, I, p. 359)

Vivo pela liberdade da Índia e morreria por isso, porque isso faz parte da Verdade. Somente uma Índia livre pode adorar o verdadeiro Deus. Trabalho pela liberdade da Índia porque meu *swadeshi* me ensina que, como nasci nela e herdei sua cultura, estou apto a servir a *ela* e *ela* tem prioridade. Mas meu patriotismo não é exclusivo. Ele é calculado não só para não prejudicar outra nação, mas para beneficiar a todos, no verdadeiro sentido da palavra. A liberdade da Índia, em minha concepção, nunca pode ser uma ameaça para o mundo.

3 de abril de 1924 (SB, p. 43)

Queremos liberdade para nosso país, mas não à custa de outros, não para degradar outros países. Não quero a liberdade da Índia se isso significar a extinção da Inglaterra ou o desaparecimento dos ingleses. Quero a liberdade do meu país para que outros países possam aprender algo do meu país livre, para que os recursos do meu país possam ser utilizados para o benefício da humanidade. Assim como o culto ao patriotismo nos ensina hoje que o indivíduo deve morrer pela família, a família deve morrer pelo

Capítulo 6 – Paz internacional

povoado, o povoado, pelo distrito, o distrito, pela província, e a província, pelo país, um país deve ser livre para poder morrer, se necessário, em benefício do mundo. Portanto, meu amor ao nacionalismo ou minha ideia de nacionalismo é que meu país pode se libertar; se necessário, todo o país pode morrer, para que a raça humana possa viver. Não há espaço para ódio racial aqui. Este deve ser nosso nacionalismo.

De Yeranda Mandir, publicado em 1935 (SB, p. 43)

Não há limite para a ampliação de nossos serviços a nossos vizinhos além das fronteiras de estados. Deus nunca fez essas fronteiras.

Young India, 31 de dezembro de 1931 (SB, p. 44)

Meu objetivo é amizade com o mundo inteiro, e sou capaz de juntar o maior amor com a maior oposição ao que é errado.

Young India, 10 de março de 1920 (SB, p. 152)

Para mim, patriotismo é sinônimo de humanidade. Sou patriota porque sou humano e humanitário. Não prejudicarei a Inglaterra ou a Alemanha para servir à Índia. O imperialismo não tem lugar no meu esquema de vida. A lei de um patriota não é diferente da do patriarca. E um patriota é muito menos patriota se for indiferente em termos de humanitarismo. Não há conflito entre leis privadas e políticas.

Young India, 16 de março de 1921 (MM, p. 133)

Nossa não cooperação não é com os ingleses nem com o Ocidente. Nossa não cooperação é com o sistema que os ingleses estabeleceram, com a civilização material e sua ganância e exploração dos fracos. Nossa não cooperação é um retiro para dentro de nós mesmos. Nossa não cooperação é uma recusa em cooperar com os administradores ingleses em seus próprios termos. Nós dizemos a eles: "Venham e cooperem conosco em nossos termos e isso será bom para nós, para vocês e para o mundo". Devemos nos manter firmes. Um homem que se afoga não pode salvar outros. Para estar em condições de salvar os outros, devemos tentar nos salvar. O nacionalismo indiano não é exclusivo, nem agressivo, nem destrutivo. Proporciona saúde, é religioso e, portanto, humanitário. A Índia deve aprender a viver antes de aspirar a morrer pela humanidade.

Young India, 13 de outubro de 1921 (SB, p. 133)

Não quero que a Inglaterra seja derrotada ou humilhada. Dói-me ver a Catedral de São Paulo danificada. Dói-me tanto quanto me doeria se soubesse que o templo Kashi Vishvanath ou o Jumma Masjid foi danificado. Defenderia tanto o templo Kashi Vishvanath como o Jumma Masjid, e até mesmo a Catedral de São Paulo, com a minha vida, mas não tiraria uma única vida em sua defesa. Essa é a diferença fundamental entre mim e o povo britânico. Mesmo assim, estou a favor deles. Que não haja equívoco por parte dos ingleses, congressistas ou outros a quem minha voz alcança, a respeito de onde está minha simpatia. Não é porque amo a nação britânica e odeio os alemães. Não acho que os alemães como nação sejam piores que os ingleses, ou que os italianos sejam piores. Fomos todos moldados com a mesma forma e somos todos parte da mesma família: a humanidade. Recuso-me a fazer qualquer distinção. Não posso reivindicar qualquer superioridade para os indianos. Temos as mesmas virtudes e os mesmos defeitos. A humanidade não está dividida em compartimentos estanques, de modo que não podemos passar de um para outro. Pode haver mil quartos, mas eles estão todos relacionados entre si. Não posso dizer: "A Índia deve ser tudo, e que o resto do mundo se exploda". Essa não é minha mensagem. A Índia deve ser tudo, em consonância com o bem-estar das outras nações do mundo. Só posso manter a Índia intacta e sua liberdade também intacta se tiver boa vontade em relação à humanidade em geral e não apenas em relação à humanidade que habita este

Capítulo 6 – Paz internacional

pequeno ponto da terra chamado Índia. A Índia é grande o suficiente em comparação com outras nações menores, mas o que é a Índia no mundo como um todo ou no universo?
Harijan, 29 de setembro de 1940 (SB, p. 171-172)

Não acreditar na possibilidade de paz permanente é não acreditar no aspecto divino da natureza humana. Os métodos até agora adotados falharam porque tem faltado sinceridade por parte daqueles que lutam. Não que eles percebam essa falta. A paz não é alcançada pelo desempenho parcial de suas condições, assim como é impossível conseguir uma combinação química sem o cumprimento completo de suas condições. Se os renomados líderes da humanidade, que têm controle sobre os motores de destruição, renunciarem totalmente ao seu uso, com pleno conhecimento de suas implicações, poderemos obter paz duradoura. Isso é evidentemente impossível se as grandes potências da Terra não renunciarem ao seu plano imperialista. Isso novamente parece impossível se grandes nações não deixarem de acreditar na concorrência que destrói as almas e continuarem aspirando a multiplicar desejos, aumentando, assim, suas posses materiais.
Harijan, 16 de maio de 1936 (MM, p. 59-60)

Posso dizer que a doutrina [da não violência] também é válida entre Estados. Sei que estou pisando em terreno delicado ao me referir à última guerra, mas sinto que devo entrar nessa seara a fim de esclarecer minha posição. Foi uma guerra de engrandecimento, a meu ver, de ambas as partes. Foi uma guerra para dividir os espólios da exploração de raças mais fracas, chamadas eufemisticamente de comércio mundial. [...] Constataremos que, antes do início do desarmamento geral na Europa, o que deve acontecer um dia, a menos que a Europa cometa suicídio, alguma nação terá que se atrever a se desarmar e assumir grandes riscos. O nível de não violência nessa nação, se tivermos a alegria de que isso aconteça, naturalmente terá aumentado tanto que exigirá

respeito mundial. Seus julgamentos serão infalíveis, suas decisões, firmes, sua capacidade de autossacrifício heroico será grande, e ela desejará viver tanto para outras nações quanto para si mesma.
Young India, 8 de outubro de 1925 (MM, p. 60-61)

Uma coisa é certa: Se a corrida louca por armamentos continuar, isso resultará num massacre como nunca ocorreu na história. Se houver um vencedor, a própria vitória será a morte para a nação que sair vitoriosa. Não há como escapar do colapso iminente, salvo por uma aceitação ousada e incondicional do método não violento, com todas as suas gloriosas implicações.
Harijan, 12 de novembro de 1938 (MM, p. 63)

Se não houvesse ganância, não haveria ocasião para armamentos. O princípio da não violência exige abstenção total de qualquer forma de exploração.
The Mind of Mahatma Gandhi (MM, p. 63)

Assim que o espírito de exploração tiver desaparecido, os armamentos serão como um fardo insuportável. O verdadeiro desarmamento só será possível se as nações do mundo deixarem de explorar umas às outras.
The Mind of Mahatma Gandhi (MM, p. 63)

Não quero viver neste mundo se ele não for um único mundo.
Discurso, março de 1947 (MGP, II, p. 90)

Capítulo 7

Homem e máquina

Devo confessar que não traço uma linha nítida nem faço qualquer distinção entre economia e ética. A economia que prejudica o bem-estar moral de um indivíduo ou de uma nação é imoral e, portanto, pecaminosa. Assim, a economia que permite a um país atacar outro é imoral.
Young India, 13 de outubro de 1921 (MM, p. 128)

O fim a ser buscado é a felicidade humana combinada com um pleno crescimento mental e moral. Uso o adjetivo moral como sinônimo de espiritual. Esse fim pode ser alcançado com a descentralização. A centralização como sistema é incompatível com uma estrutura não violenta da sociedade.
Harijan, 18 de janeiro de 1942 (SB, p. 73)

Afirmo categoricamente que a mania pela produção em massa é responsável pela crise mundial. Mesmo admitindo que, no momento, o maquinário pudesse suprir todas as necessidades da humanidade, ele concentraria a produção em áreas específicas, de modo que teríamos de trabalhar de forma indireta para regular a distribuição, ao passo que, se houver produção e distribuição nas respectivas áreas onde há necessidade, sua regulação é automática, há menos chance de fraude e nenhuma de especulação.
Harijan, 2 de novembro de 1934 (SB, p. 71)

A produção em massa não leva em consideração a necessidade real do consumidor. Se a produção em massa fosse uma virtude, ela seria capaz de multiplicar-se indefinidamente. Mas podemos provar que a produção em massa traz em si suas próprias limitações. Se todos os países adotassem o sistema de produção em massa, não haveria mercado suficiente para seus produtos. A produção em massa, então, deve parar.

Harijan, 1 de novembro de 1934 (MM, p. 121)

Não acredito que a industrialização seja necessária em nenhum caso, em nenhum país, muito menos na Índia. Na verdade, acredito que a Índia independente só pode cumprir seu dever em relação a um mundo lamuriante adotando uma vida simples, mas enobrecida, desenvolvendo seus milhares de casebres e vivendo em paz com o mundo. O pensamento elevado é incompatível com uma vida material complexa, baseada na alta velocidade que o culto a Mamon nos impõe. Todas as graças da vida são possíveis somente quando aprendemos a arte de viver nobremente.

Podemos ter a sensação de que estamos vivendo perigosamente. Devemos diferenciar entre viver em face do perigo e viver perigosamente. Um homem que se atreve a viver sozinho numa floresta cheia de feras selvagens e homens mais selvagens ainda, sem arma e com Deus como sua única salvação vive em face do perigo. Um homem que vive no ar e desce à terra para a admiração de um mundo boquiaberto vive perigosamente. Uma vida tem propósito, a outra não.

Mahatma, VIII, Correspondence, 1946 (MT, VII, p. 224-225)

Qual é a causa do caos atual? É a exploração, não das nações mais fracas pelas nações mais fortes, mas de nações irmãs por nações irmãs. E minha objeção fundamental às máquinas está no fato de que são as máquinas que permitiram que essas nações explorassem outras.

Young India, 22 de outubro de 1931 (SB, p. 64-65)

Eu destruiria esse sistema hoje se tivesse poder. Usaria as armas mais mortais se acreditasse que elas o destruiriam. Não o faço somente porque o uso de tais armas só perpetuaria o sistema,

Capítulo 7 – Homem e máquina

mesmo destruindo seus atuais administradores. Aqueles que procuram destruir homens em vez de condutas adotam estas últimas e se tornam piores do que aqueles que destroem, com a crença equivocada de que as condutas morrerão com os homens. Eles não conhecem a raiz do mal.
Young India, 17 de março de 1927 (SB, p. 66)

As máquinas têm o seu lugar. Elas vieram para ficar. Mas não deve ser permitido que elas substituam o trabalho humano necessário. Um arado melhorado é uma coisa boa, mas se, de alguma forma, um indivíduo puder arar, graças a uma invenção mecânica sua, todo o território da Índia, controlando toda a produção agrícola, enquanto milhões de pessoas não têm outra ocupação, essa gente passará fome e, estando ociosa, se tornará ignorante, como muitos já se tornaram. Há o perigo de muitos mais serem reduzidos a esse estado nada invejável.

Eu acolheria todas as melhorias no maquinário caseiro, mas sei que é um crime substituir o trabalho manual pela introdução de fusos acionados por energia, a menos que o indivíduo esteja, ao mesmo tempo, preparado para dar a milhões de agricultores alguma outra ocupação doméstica.
Young India, 5 de novembro de 1925 (SB, p. 66)

Oponho-me à "mania" de máquina, não às máquinas em si – àquele desejo desenfreado de poupar trabalho com o uso de maquinaria. Os homens vão poupando trabalho, e milhares de indivíduos estão desempregados, jogados na rua, morrendo de fome. Quero poupar tempo e trabalho não para uma pequena parcela da humanidade, mas para todos. Quero concentrar riqueza não nas mãos de uns poucos, mas nas mãos de todos. Hoje, as máquinas ajudam somente alguns a ter milhões. A motivação por trás disso tudo não é a filantropia para poupar trabalho, mas a ganância. É contra esse estado de coisas que estou lutando com todas as minhas forças.

A consideração suprema deve ser pelo homem. A máquina não pode atrofiar os membros do homem. Faço algumas exceções. Por exemplo, tomemos o caso da máquina de costura Singer. É uma das poucas coisas úteis já inventadas, e há amor em sua criação. Singer viu a esposa trabalhando no tedioso processo de costurar e tecer com as próprias mãos e, simplesmente por amor a ela, criou a máquina de costura para poupá-la de trabalho desnecessário. Ele, no entanto, ajudou a otimizar não apenas o trabalho dela, mas o trabalho de todos os que puderam comprar uma máquina de costura. É uma alteração na condição de trabalho o que eu quero. Essa louca correria pela riqueza deve acabar, e o trabalhador deve ter assegurado não apenas um salário digno, mas uma ocupação diária que não seja penosa. A máquina será, nessas condições, uma ajuda tanto para o homem que a manuseia quanto para o Estado, ou o homem que a possui. A correria louca de hoje terá fim, e o operário trabalhará (como eu disse) em condições atraentes e ideais. Essa é apenas uma das exceções que tenho em mente. A criação da máquina de costura teve amor por trás. O indivíduo deve ser a única consideração suprema. O objetivo deve ser poupar trabalho para a pessoa, e a motivação, a consideração humanitária, não a ganância. Substitua a ganância pelo amor e tudo dará certo.

Young India, 13 de novembro de 1924 (SB, p. 67-68)

A fiação manual não compete, nem deve competir, com qualquer tipo de indústria existente para substituí-la; não tem como objetivo substituir ninguém fisicamente apto, capaz de encontrar outra ocupação remunerada para seu trabalho. A única alegação apresentada em seu nome é que só ela oferece uma solução imediata, praticável e permanente para o maior problema que a Índia enfrenta, a saber, a ociosidade forçada por quase seis meses ao ano de uma esmagadora maioria da população indiana devido à

Capítulo 7 – Homem e máquina

falta de uma ocupação suplementar adequada à agricultura e à fome crônica das massas que daí resulta.
Young India, 21 de outubro de 1926 (SB, p. 58)

Não contemplei, e muito menos aconselhei, o abandono de uma atividade industrial saudável e estimulante em nome da fiação. Todo o fundamento da roda de fiar repousa sobre o fato de que existem milhões de pessoas semiempregadas na Índia. E devo admitir que, não fosse isso, não haveria espaço para a roda de fiar.
Young India, 27 de maio de 1926 (SB, p. 58)

Um homem faminto pensa primeiro em satisfazer sua fome antes de qualquer outra coisa. Ele venderá sua liberdade e tudo o que tem para conseguir um pouco de comida. Essa é a posição de milhões de pessoas na Índia. Para eles, liberdade, Deus e todas essas palavras não passam de letras sem o menor significado, que os enervam. Se quisermos dar a essas pessoas um senso de liberdade, temos que lhes oferecer um trabalho que elas possam realizar com facilidade em suas casas, por mais pobres que sejam, e que lhes daria, pelo menos, o sustento básico. Isso só pode ser feito com a roda de fiar. E somente quando elas se tornarem autossuficientes e capazes de se sustentar é que podemos falar com elas sobre liberdade, sobre o Congresso etc. Aqueles, portanto, que lhes oferecerem trabalho e meios de conseguir um pedaço de pão serão seus salvadores e serão também aqueles que as farão sentir fome de liberdade.
Young India, 18 de março de 1926 (SB, p. 59)

Poucos habitantes da cidade sabem como o povo da Índia, quase morto de fome, está afundando lentamente até não ter mais vida. Mal sabem eles que seu conforto miserável representa a comissão que as massas recebem pelo trabalho que fazem para o explorador estrangeiro, que os lucros e as comissões são arrancados das massas. Mal sabem eles que o governo estabelecido por lei na Índia Britânica só se sustenta devido a essa exploração das massas. Nenhum sofisma, nenhum malabarismo nos números podem explicar os esqueletos escancarados que encontramos em muitas vilas. Não tenho a menor dúvida de que tanto a Inglaterra quanto os habitantes das cidades da Índia terão de responder, se houver um Deus acima, por esse crime contra a humanidade, talvez sem precedentes na história.

Young India, 23 de março de 1922 (SB, p. 65)

Eu defenderia o uso das máquinas mais sofisticadas se isso fosse evitar a miséria e a ociosidade da Índia. Apresentei a roda de fiar como o único meio imediato de afastar a penúria e impedir a fome de trabalho e riqueza. A própria roda de fiar é uma peça de maquinaria valiosa e, à minha própria maneira humilde, tentei garantir melhorias nela, de acordo com as condições especiais da Índia.

Young India, 3 de novembro de 1921 (SB, p. 66-67)

Eu diria que, se as aldeias morrerem, a Índia também morrerá. A Índia não será mais a Índia. Sua própria missão no mundo se perderá. O renascimento das aldeias só será possível quando não houver mais exploração. A industrialização em larga escala levará necessariamente à exploração passiva ou ativa dos aldeões à medida que os problemas de concorrência e mercado entram em cena. Portanto, temos de nos concentrar na aldeia como unidade autônoma, que fabrica principalmente para o próprio uso. Desde que esse caráter da indústria das aldeias seja mantido, não há objeção quanto ao uso, por parte dos aldeãos, até de máquinas e ferramentas modernas que eles podem fabricar e usar. Elas só não devem ser usadas como meio de exploração dos outros.

Harijan, 29 de agosto de 1936 (SB, p. 71)

CAPÍTULO 8

POBREZA EM MEIO À ABUNDÂNCIA

A economia que ignora ou desconsidera os valores morais não é verdadeira. A extensão da lei da não violência ao domínio da economia significa nada menos do que a introdução de valores morais como um fator a ser considerado na regulação do comércio internacional.
Young India, 26 de dezembro de 1924 (SB, p. 41)

A meu ver, a constituição econômica da Índia, e do mundo todo, deveria garantir que não faltassem comida nem roupa para ninguém. Em outras palavras, todos deveriam ter trabalho suficiente para atender a essas duas necessidades. E esse ideal só pode ser universalmente cumprido se os meios de produção para as necessidades elementares da vida estiverem sob o controle das massas. Eles devem estar disponíveis para todos, como o ar e a água de Deus. Não devem ser um veículo para a exploração dos outros. Sua monopolização por qualquer país, nação ou grupo de pessoas seria injusta. O descumprimento desse princípio simples é a causa da destituição que testemunhamos hoje, não só nesta terra infeliz, mas também em outras partes do mundo.
Young India, 5 de novembro de 1927 (SB, p. 40)

Meu ideal é a distribuição igualitária, mas, pelo que vejo, ele não será realizado. Trabalho, portanto, pela distribuição equitativa.
Young India, 17 de março de 1927 (SB, p. 77)

O amor e a posse exclusiva nunca podem andar juntos. Teoricamente, quando há amor perfeito, deve haver não possessão perfeita. O corpo é nossa última posse. Assim, um homem só pode exercer amor perfeito e ser completamente livre de posses se estiver preparado para aceitar a morte e renunciar ao corpo em prol do serviço humano. Mas isso é verdade apenas em teoria. Na prática, dificilmente exerceremos o amor perfeito, pois o corpo, enquanto posse, sempre permanecerá conosco. O homem, portanto, sempre será imperfeito e deverá sempre tentar ser perfeito. Ou seja, a perfeição no amor ou em termos de não possessão será sempre um ideal inatingível enquanto estivermos vivos, mas um ideal pelo qual devemos sempre nos esforçar.

Modern Review, outubro de 1935 (SB, p. 17)

A meu ver, somos ladrões, de certa forma. Se pego qualquer coisa de que não preciso para meu uso imediato e a guardo, estou roubando-a de outra pessoa. Atrevo-me a dizer que é uma lei fundamental da natureza, sem exceção, produzir o suficiente para as nossas necessidades diárias, e se todos pegassem apenas o suficiente para si e nada mais, não haveria mais miséria neste mundo e ninguém morreria de fome. Mas, enquanto tivermos essa desigualdade, seremos ladrões. Não sou socialista e não quero desapossar aqueles que possuem bens, mas posso dizer que quem quiser ver a luz nascer das trevas tem que seguir essa regra. Não quero desapropriar ninguém. Proceder dessa maneira seria ir contra a regra do *ahimsa*. Se alguém possui mais do que eu, tudo bem. Mas, como devo regular minha própria vida, não ouso possuir nada que não quero. Na Índia, 3 milhões de pessoas precisam se satisfazer com uma refeição por dia, e essa refeição consiste em um *chapati*, que não contém nada de gordura, e uma pitada de sal. Você e eu não temos direito a nada do que realmente temos até que esses 3 milhões sejam vestidos e alimentados melhor. Você e eu, que deveríamos saber disso, devemos ajustar nossas necessidades e até mesmo passar

Capítulo 8 – Pobreza em meio à abundância

por uma fome voluntária, a fim de que os outros possam ser cuidados, alimentados e vestidos.
Discurso para estudantes, Y.M.C.A Auditorium, Madras, 1916, texto incerto (SB, p. 75)

A não possessão está vinculada ao não roubo. Uma coisa que não foi originalmente roubada deve, no entanto, ser classificada como propriedade roubada se quem a possuir não precisar dela. Possuir algo implica guardar para o futuro. Um buscador da Verdade, um seguidor da Lei do Amor, não pode guardar nada para amanhã. Deus nunca armazena para amanhã. Ele nunca cria mais do que o estritamente necessário para o momento. Se, portanto, tivermos fé em Sua providência, devemos ter certeza de que Ele nos dará tudo de que precisamos. Santos e devotos, que viveram com base nessa fé, sempre derivaram uma justificativa para isso de sua experiência. Nossa ignorância ou negligência em relação à Lei Divina, que dá ao homem seu pão diário e nada mais, gerou grandes desigualdades, com todas as misérias que lhes são inerentes. Os ricos têm um estoque supérfluo de coisas de que eles não precisam e que são, portanto, negligenciadas e desperdiçadas, enquanto milhões morrem de fome por falta de sustento. Se cada um tivesse apenas o que precisa, não faltaria nada para ninguém e todos viveriam felizes. Nas atuais circunstâncias, os ricos não estão menos infelizes do que os pobres. O pobre gostaria de ser milionário e o milionário, multimilionário. Os ricos devem tomar a iniciativa do desapego com vistas a uma difusão universal do espírito de contentamento. Se eles mantiverem sua propriedade dentro de limites moderados, será fácil alimentar os famintos, que aprenderão a lição de contentamento junto com os ricos.
Yeranda Mandir, 1935 (SB, p. 75-76)

A igualdade econômica é a chave mestra para a independência não violenta. Trabalhar pela igualdade econômica significa abolir o eterno conflito entre capital e trabalho. Isso significa nivelar os poucos ricos em cujas mãos está concentrada a maior parte da riqueza da nação, por um lado, e os milhões de famintos desprovidos de roupa, por outro. Um sistema de governo não violento é claramente uma impossibilidade enquanto existir esse enorme abismo entre os ricos e os milhões de famintos. O contraste entre os palácios de Nova Delhi e os miseráveis casebres da classe trabalhadora pobre não pode durar um dia numa Índia livre, na qual os pobres terão o mesmo poder que os mais ricos da terra. Uma revolução violenta e sangrenta é certa um dia, a menos que haja uma abdicação voluntária das riquezas e do poder que as riquezas conferem ao indivíduo, e o compartilhamento dessas riquezas para o bem comum. Mantenho-me fiel à minha doutrina de tutela, apesar de todo o escárnio que recaiu sobre ela. É verdade que se trata de uma meta difícil de alcançar, assim como é difícil alcançar a não violência.

Constructive Programme, 1944 (SB, p. 77-78)

A implicação real da distribuição igualitária é que cada homem terá os meios para suprir todas as suas necessidades naturais e não mais. Por exemplo, se um homem tem uma digestão fraca e requer apenas cem gramas de farinha para seu pão e outro precisa de meio quilo, ambos devem estar em condições de satisfazer suas necessidades. Para chegar a esse ideal, toda a ordem social precisa ser reconstruída. Uma sociedade baseada na não violência não pode nutrir nenhum outro ideal. Talvez não sejamos capazes de atingir a meta, mas devemos tê-la em mente e trabalhar incessantemente em sua direção. Na medida em que progredirmos rumo ao nosso objetivo, encontraremos contentamento e felicidade, e teremos contribuído também para a criação de uma sociedade não violenta.

Agora, consideremos como a distribuição igualitária pode ser alcançada por meio da não violência. O primeiro passo é que aquele que fez desse ideal parte de seu ser realize as mudanças necessárias em sua vida pessoal. Ele deve reduzir suas

Capítulo 8 – Pobreza em meio à abundância

necessidades ao mínimo, tendo em mente a pobreza da Índia. Seus ganhos devem ser honestos. O desejo de especulação deve ser renunciado. Sua habitação deve ser condizente com seu novo modo de vida. Ele deve exercer a restrição em todos os aspectos da vida. Somente quando ele tiver feito tudo o que é possível em sua própria vida é que ele estará em posição de pregar esse ideal a seus associados e vizinhos.

De fato, na raiz dessa doutrina de distribuição igualitária deve estar a da tutela dos ricos em relação à riqueza supérflua possuída por eles. Pois, de acordo com a doutrina, eles não podem possuir uma rúpia a mais do que seus vizinhos. Como isso pode ser feito? De modo não violento? Ou os ricos devem ser desprovidos de suas posses? Para fazer isso, naturalmente teríamos que recorrer à violência. Essa ação violenta não tem como beneficiar a sociedade. A sociedade ficará mais pobre, pois perderá os dons de alguém que sabe acumular riqueza. Portanto, o caminho não violento é evidentemente superior. O homem rico manterá sua riqueza, utilizando, de modo criterioso, parte dela para suas necessidades pessoais e atuando como administrador para que o restante seja utilizado pela sociedade. Nesse caso, presume-se que o administrador seja honesto.

Se, no entanto, apesar de todo o esforço, os ricos não se tornarem guardiões dos pobres no verdadeiro sentido da palavra e estes ficarem cada vez mais oprimidos e famintos, o que deve ser feito? Ao tentar descobrir a solução desse enigma, cheguei à conclusão de que a não cooperação não violenta e a desobediência civil são o meio mais certo e infalível.

Os ricos não têm como acumular riqueza sem a cooperação dos pobres na sociedade. Se esse conhecimento se espalhasse entre os pobres, eles se tornariam fortes e aprenderiam a se libertar, por meio da não violência, das esmagadoras desigualdades que os levaram à beira da inanição.

Harijan, 25 de agosto de 1940 (SB, p. 78-79)

Não consigo imaginar nada mais nobre ou mais nacionalista do que, digamos, uma hora por dia, fazermos todo o trabalho que os pobres fazem, de modo que nos identifiquemos com eles e, assim, com toda a humanidade. Não consigo conceber melhor adoração a Deus do que, em Seu nome, trabalhar pelos pobres como eles trabalham.

Young India, 20 de outubro de 1921 (SB, p. 52)

"Ganha o teu pão com o suor do teu rosto", diz a Bíblia. Existem vários tipos de sacrifício. Um deles pode muito bem ser o trabalho pelo pão. Se todos trabalhassem somente por seu pão e nada mais, haveria comida e tempo livre suficiente para todos. Não haveria superpopulação, doença e essa miséria que vemos ao nosso redor. Esse trabalho será a forma mais elevada de sacrifício. Os homens, sem dúvida, farão muitas outras coisas por meio de seus corpos ou de suas mentes, mas tudo isso será trabalho de amor pelo bem comum. Então, não haverá ricos nem pobres, nem altos nem baixos, nem tocáveis nem intocáveis.

Harijan, 29 de junho de 1935 (SB, p. 54)

"Por que eu, que não tenho necessidade de trabalhar por comida, devo me dedicar à tecelagem?", é uma pergunta possível. Porque estou comendo o que não me pertence. Estou vivendo da exploração dos meus compatriotas. Procure saber e origem de cada centavo que for parar no seu bolso, e você entenderá o que estou dizendo. [...]
Recuso-me a insultar os despidos dando-lhes roupas de que eles não precisam em vez de trabalho, de que eles precisam muito. Não cometerei o pecado de me tornar seu patrono, mas, ao saber que contribuí para sua pobreza, não lhes darei migalhas nem roupas velhas, mas minha melhor comida e vestimenta, além de me associar com eles no trabalho.
[...] Deus criou o homem para trabalhar por sua comida e disse que aqueles que comem sem trabalhar são ladrões.

Young India, 13 de outubro de 1921 (SB, p. 50)

Capítulo 8 – Pobreza em meio à abundância

Deveríamos nos envergonhar de descansar ou comer enquanto ainda houver um homem ou mulher fisicamente apto sem trabalho ou comida.
Young India, 13 de outubro de 1921 (SB, p. 49)

Odeio privilégios e monopólios. Tudo o que não pode ser compartilhado com as massas é um tabu para mim.
Harijan, 2 de novembro de 1934 (MM, p. 11)

O mundo tem a liberdade [...] de rir de meu desapego de todas as posses. Para mim, o desapego foi um ganho positivo. Eu gostaria que as pessoas competissem comigo em meu contentamento. É o tesouro mais valioso que tenho. Por isso, talvez seja correto dizer que, embora eu pregue a pobreza, sou um homem rico!
Young India, 30 de abril de 1925 (MM, p. 101)

Ninguém jamais afirmou que a miséria pode levar a algo além da degradação moral. Todo ser humano tem o direito de viver e, portanto, de encontrar os meios para se alimentar e, quando necessário, vestir-se e abrigar-se. Mas, para essa tarefa muito simples, não precisamos da assistência de economistas ou de suas leis.

"Não pense no dia seguinte" é um conselho presente em quase todas as escrituras religiosas do mundo. Numa sociedade bem organizada, a garantia do sustento de uma pessoa deve ser, e é, a coisa mais fácil do mundo. Na verdade, a prova de organização de um país não é o número de milionários que ele tem, mas a ausência de fome na população.
Discurso no Muir Central College, c. 1916 (SB, p. 76)

De acordo com meu *ahimsa*, eu não toleraria a ideia de dar uma refeição de graça a uma pessoa saudável que não tenha trabalhado por ela de maneira honesta, e, se eu pudesse, acabaria com toda *sadavrata* onde distribuem refeições gratuitas. Isso

degradou a nação e levou à preguiça, à ociosidade, à hipocrisia e até mesmo ao crime.
Young India, 13 de maio de 1925 (SB, p. 49)

Fiel ao seu instinto poético, o poeta vive para o dia seguinte e quer que façamos o mesmo. Ele apresenta ao nosso olhar de admiração a bela imagem de pássaros cantando, logo cedo, hinos de louvor enquanto atravessam o céu. Esses pássaros já conseguiram a comida do dia e voam com asas descansadas, cujas veias receberam novo sangue durante a noite anterior. Mas eu senti a dor de observar pássaros que, por falta de força, não podiam ser persuadidos nem mesmo a bater as asas. O pássaro humano sob o céu indiano se levanta mais fraco do que quando tentou dormir. Para milhões, trata-se uma vigília eterna ou um transe eterno. É um estado indescritivelmente doloroso que deve ser vivido para ser compreendido. Não consegui acalmar pacientes em estado de sofrimento com uma música de Kabir. Os milhões de famintos pedem um único poema: comida revigorante. Eles não podem recebê-la de graça. Eles devem merecê-la. E eles só podem merecê-la com o suor de seu rosto.
Young India, 13 de outubro de 1921 (SB, p. 48-49)

Imagine, portanto, que calamidade deve ser ter 300 milhões de desempregados e subempregados, milhões de indivíduos degradando-se todos os dias por falta de emprego, desprovidos de dignidade, desprovidos de fé em Deus. Posso deixar a mensagem de Deus diante daquele cachorro ali, assim como diante dos milhões de famintos sem brilho nos olhos, cujo único Deus é seu pão. Só posso deixar uma mensagem de Deus diante deles se vier também com uma mensagem de trabalho sagrado. É fácil falar de Deus depois de um bom café da manhã, enquanto esperamos pelo almoço farto, mas como falarei de Deus para milhões de pessoas que não sabem o que é ter duas refeições por dia? Para elas, Deus agora é pão com manteiga.
Young India, 13 de outubro de 1921 (SB, p. 49)

Capítulo 8 – Pobreza em meio à abundância

Para um povo faminto e ocioso, a única forma aceitável em que Deus pode ousar aparecer é como trabalho e promessa de comida como salário.
Young India, 13 de outubro de 1921 (SB, p. 49)

Para os pobres, ser espiritual é ter uma boa condição econômica. Não podemos esperar nada mais de milhões de famintos. Será em vão. Mas se lhes levarmos comida, eles nos considerarão seu Deus. Eles não conseguem pensar em mais nada.
Young India, 5 de março de 1927 (MM, p. 104)

Pelo método não violento, procuramos destruir não o capitalista, mas o capitalismo. Convidamos o capitalista a se considerar um administrador para aqueles de quem ele depende para a criação, a retenção e o aumento de seu capital. E o trabalhador não precisa esperar pela sua conversão. Se capital é poder, o mesmo acontece com o trabalho. Qualquer poder pode ser usado de modo destrutivo ou criativo. Um depende do outro. Assim que o trabalhador se der conta da sua força, ele estará em posição de se tornar parceiro do capitalista, em vez de continuar sendo seu escravo. Se ele quiser se tornar o único dono, provavelmente matará sua galinha dos ovos de ouro.
Young India, 26 de março de 1931 (SB, p. 116)

Todo homem tem direito às coisas indispensáveis da vida, assim como os pássaros e outros animais. E como todo direito traz consigo um dever correspondente e a solução pertinente para resistir a qualquer ataque, basta descobrir os deveres e soluções correspondentes para reivindicar a igualdade elementar fundamental. O dever correspondente é trabalhar com meus braços e minhas pernas e a solução pertinente é não cooperar com aquele que me priva do fruto do meu trabalho. E se eu reconhecer a igualdade fundamental, como devo, do capitalista e do trabalhador, não devo visar à sua destruição. Devo lutar por sua conversão. Minha não

cooperação com ele abrirá seus olhos para o erro que ele pode estar cometendo.
Young India, 7 de outubro de 1926 (MM, p. 117)

Não consigo imaginar uma época em que nenhum homem será mais rico do que outro. Mas consigo imaginar uma época em que os ricos se recusarão a enriquecer à custa dos pobres e os pobres deixarão de invejar os ricos. Mesmo no mundo mais perfeito, não conseguiremos evitar desigualdades, mas podemos e devemos evitar conflitos e amarguras. Existem numerosos exemplos de ricos e pobres que vivem em perfeita amizade. Temos apenas que multiplicar esses casos.
Young India, 7 de outubro de 1926 (SB, p. 81)

Não acredito que os capitalistas e os latifundiários sejam todos exploradores por uma necessidade inerente, ou que haja um antagonismo básico ou irreconciliável entre seus interesses e os interesses das massas. Toda exploração é baseada na cooperação, voluntária ou forçada, dos explorados. Por mais que detestemos admiti-lo, o fato é que não haveria exploração se as pessoas se recusassem a obedecer ao explorador. Mas o ego entra em cena, e nos agarramos às correntes que nos prendem. Isso deve ter fim. O que é necessário não é a extinção de latifundiários e capitalistas, mas uma transformação da relação existente entre eles e as massas em algo mais saudável e puro.
Amrita Bazar Patrika, 3 de agosto de 1934 (SB, p. 91)

A ideia de guerra de classes não me atrai. Na Índia, uma guerra de classes, além de não ser inevitável, é evitável se tivermos entendido a mensagem de não violência. Aqueles que falam sobre guerra de classes como algo inevitável não entenderam as implicações da não violência ou as entenderam apenas superficialmente.
Amrita Bazar Patrika, 3 de agosto de 1934 (SB, p. 92)

Capítulo 8 – Pobreza em meio à abundância

A exploração dos pobres pode ser extinta não destruindo alguns milionários, mas removendo a ignorância dos pobres e ensinando-os a não cooperar com seus exploradores. Isso irá converter os exploradores também. Cheguei a dizer que, no final, isso fará com que ambos sejam parceiros iguais. O capital em si não é mau. Mau é seu uso errado. O capital, de uma forma ou de outra, sempre será necessário.

Harijan, 28 de julho de 1940 (SB, p. 94)

Aqueles que têm dinheiro agora são instruídos a se comportarem como tutores, administrando sua riqueza em favor dos pobres. Podem dizer que a tutela é uma ficção legal. Mas, se as pessoas meditarem sobre isso constantemente e tentarem agir de acordo, a vida na terra será governada pelo amor muito mais do que é atualmente. A tutela absoluta é uma abstração, assim como a definição de ponto para Euclides, igualmente inalcançável. Mas, se nos esforçarmos para isso, seremos capazes de ir longe na realização de um estado de igualdade na terra, mais do que com qualquer outro método.

Mahatma, IV, 1934 (MT, IV, p. 13-14)

A renúncia completa às próprias posses é algo que pouca gente comum consegue realizar. Tudo o que se pode esperar da classe rica é que eles administrem suas riquezas e talentos em prol da sociedade. Insistir em mais do que isso seria matar a galinha dos ovos de ouro.

Discurso, 11 de abril de 1945 (MGP, I, p. 66)

Capítulo 9

A DEMOCRACIA E O POVO

De acordo com minha noção de democracia, os mais fracos devem ter as mesmas oportunidades que os mais fortes. Isso nunca acontecerá, exceto por meio da não violência.

Entrevista, abril de 1940 (MT, V, p. 343)

Eu sempre disse que é impossível alcançar justiça social, por menor que seja, à força. Acredito que seja possível, com um treinamento adequado dos mais humildes por meios não violentos, assegurar a reparação das injustiças sofridas por eles. Esses meios são a não cooperação e a não violência. Às vezes, a não cooperação se torna um dever tão importante quanto a cooperação. Ninguém é obrigado a cooperar em sua própria ruína ou escravidão. A liberdade conquistada pelo esforço dos outros, por mais benevolente que seja, não pode ser retida quando tal esforço é retirado. Em outras palavras, essa liberdade não é uma liberdade verdadeira. Mas os mais humildes podem sentir sua luz, assim que aprendem a arte de alcançá-la através da não cooperação não violenta.

Entrevista, abril de 1940 (MT, V, p. 342)

A desobediência civil é um direito inerente do cidadão. Ele não tem como desistir dela sem deixar de ser homem. A desobediência civil nunca é seguida de anarquia. A desobediência criminal pode levar a isso. Todo Estado reprime a desobediência criminal com uso da força. Ele perece se não for assim. Mas reprimir a desobediência civil é tentar aprisionar a consciência.

Young India, 5 de janeiro de 1922 (MM, p. 65)

A verdadeira democracia ou o *swaraj* das massas nunca pode ser realizada por meios mentirosos e violentos, pela simples razão de que o corolário natural de seu uso é remover toda oposição com a supressão ou extermínio dos antagonistas. Isso não tende a resultar em liberdade individual. A liberdade individual só floresce totalmente num regime de *ahimsa* não adulterado.

Harijan, 27 de maio de 1939 (SB, p. 143)

O fato de haver tantos homens ainda vivos no mundo mostra que ele não se sustenta com base na força das armas, mas na força da verdade ou do amor. Portanto, a maior e mais inquestionável evidência do sucesso dessa força encontra-se no fato de que, apesar das guerras do mundo, ele ainda continua existindo. Milhares de pessoas, dezenas de milhares, aliás, dependem, para sua subsistência, de uma atuação muito ativa dessa força. Pequenas brigas de milhões de famílias em suas vidas diárias desaparecem diante do exercício dessa força. Centenas de nações vivem em paz. A história não leva em consideração esse fato, e não tem como. A história, na verdade, é um registro de toda interrupção do trabalho regular da força do amor ou da alma. Dois irmãos brigam; um deles se arrepende e desperta novamente o amor que jaz dormente nele; os dois começam a viver em paz novamente; ninguém repara nisso. Mas se os dois irmãos, pela intervenção de solicitantes ou por alguma outra razão, pegarem em armas ou forem à justiça, que é outra forma de exibição de força bruta, seus feitos serão imediatamente noticiados pela imprensa, eles serão o assunto da vizinhança e provavelmente entrarão para a história. E o que vale para famílias e comunidades vale também para as nações. Não há razão para acreditar que haja uma lei para as famílias e outra para as nações. A história, então, é um registro de uma interrupção do curso da natureza. A força da alma, sendo natural, não é registrada na história.

India Home Rule, 1909 (SB, p. 22)

Capítulo 9 – A democracia e o povo

O autogoverno depende inteiramente de nossa própria força interna, de nossa capacidade de enfrentar grandes adversidades. De fato, o autogoverno que não exige esforço contínuo para ser alcançado e sustentado não pode ser chamado de autogoverno. Por isso, esforcei-me em mostrar, tanto em palavras quanto em atos, que o autogoverno político – isto é, autogoverno para um grande número de homens e mulheres – não é melhor do que o autogoverno individual e, portanto, deve ser alcançado exatamente pelos mesmos meios necessários para o autogoverno ou autogestão individual.
With Gandhi in Ceylon, publicado em 1928 (SB, p. 37)

A verdadeira fonte dos direitos é o dever. Se todos nós cumprirmos nossos deveres, não precisaremos ir muito longe para encontrar nossos direitos. Se deixarmos de cumprir nossos deveres e corrermos atrás de nossos direitos, eles nos escaparão por entre os dedos, tal qual fogo-fátuo. Quanto mais os perseguimos, mais eles fogem.
Young India, 8 de janeiro de 1925 (SB, p. 38)

Para mim, o poder político não é um fim, mas um dos meios de permitir que as pessoas melhorem sua condição em todos os âmbitos da vida. Poder político significa capacidade de regular a vida nacional por meio de representantes nacionais. Se a vida nacional se torna tão perfeita que passa a ser autorregulada, não é necessário haver nenhuma representação. Existe, então, um estado de anarquia iluminada. Em tal estado, todo mundo é seu próprio governante. Cada um se governa de tal maneira que nunca é um obstáculo para seu semelhante. No Estado ideal, portanto, não há poder político, porque não há Estado. Mas o ideal nunca é totalmente realizado na vida. Daí a afirmação clássica de Thoreau, que o melhor governo é aquele que menos governa.
Young India, 2 de julho de 1931 (SB, p. 41)

Acredito que a verdadeira democracia só pode ser resultado da não violência. A estrutura de uma federação mundial só pode

ser erguida com base na não violência, e a violência terá de ser totalmente abandonada nos assuntos mundiais.
Correspondência de Gandhi com o governo, 1942-1944 (SB, p. 48)

Minha ideia de sociedade é que, embora nasçamos iguais, o que significa que temos direito a oportunidades iguais, nem todos temos as mesmas capacidades. Isso é impossível, segundo a natureza das coisas. Por exemplo, não temos a mesma altura, cor, grau de inteligência etc.; portanto, segundo a natureza das coisas, alguns terão capacidade de ganhar mais e outros menos. Pessoas com talentos ganharão mais e utilizarão seus talentos para esse propósito. Se eles os utilizarem com amabilidade, realizarão o trabalho do Estado. Essas pessoas existem como administradores, sem nenhum outro termo. Eu permitiria que um homem de intelecto ganhasse mais; não prejudicaria seu talento. Mas a maior parte de seus maiores rendimentos deve ser usada para o bem do Estado, assim como a renda de todos os filhos que recebem algo vai para o fundo familiar comum. Eles devem ter seus ganhos somente como administradores. Pode ser que eu fracasse feio nisso. Mas é para isso que estou navegando.
Young India, 26 de novembro de 1931 (SB, p. 82-83)

Espero demonstrar que o verdadeiro *swaraj* virá não pela aquisição de autoridade por alguns, mas pela aquisição da capacidade, por todos, de resistir à autoridade frente a um abuso. Em outras palavras, o *swaraj* deve ser alcançado despertando o povo para sua capacidade de regular e controlar a autoridade.
Young India, 29 de janeiro de 1925 (SB, p. 109)

A simples retirada dos ingleses não é independência. Independência é a consciência, por parte do aldeão comum, de que ele é o dono do próprio destino, de que ele é seu próprio legislador, através do representante de sua escolha.
Young India, 13 de fevereiro de 1930 (SB, p. 109)

Capítulo 9 – A democracia e o povo

Há muito estamos acostumados a pensar que o poder vem somente de assembleias legislativas. Considero essa crença um grave erro, causado por inércia ou hipnotismo. Um estudo superficial da história britânica nos fez pensar que todo poder se infiltra nas pessoas a partir do parlamento. A verdade é que o poder reside no povo e, por enquanto, é confiado àqueles a quem eles escolhem como seus representantes. Os parlamentos não têm poder sem o povo e não podem existir sem ele. Nos últimos, tenho me esforçado no sentido de convencer o povo dessa simples verdade. A desobediência civil é o armazém do poder. Imagine um povo inteiro determinado a não se conformar com as leis do poder legislativo e preparado para sofrer as consequências desse não cumprimento! Eles paralisarão todo o aparato legislativo e executivo. A polícia e os militares são usados para coagir minorias, por mais poderosas que elas sejam, mas nenhuma coerção policial ou militar pode dobrar a vontade resoluta de um povo pronto para qualquer sofrimento. E o procedimento parlamentar só é bom quando seus membros estão dispostos a se conformar com a vontade da maioria. Em outras palavras, é bastante eficaz somente entre os compatíveis.
Mahatma, VI, "Constructive Programme", dezembro de 1941 (MT, VI, p. 23)

O que queremos, espero, é um governo que não seja baseado na coerção, mesmo que de uma minoria, mas em sua conversão. Se for uma mudança de um governo militar branco para um marrom, dificilmente precisaremos fazer estardalhaço. De qualquer forma, as massas não contam. Elas estarão sujeitas à mesma exploração que agora, se não pior.
Young India, 19 de dezembro de 1929 (SB, p. 111)

Sinto que, fundamentalmente, a doença da Europa é a mesma da Índia, apesar do fato de que na primeira as pessoas gozam de autogoverno político. [...] Portanto, a mesma solução é passível de ser aplicada. Despojada de toda camuflagem, a exploração das massas da Europa é sustentada pela violência.

A violência por parte das massas nunca removerá a doença. De qualquer forma, até agora, a experiência mostra que o sucesso da violência tem sido de curta duração, e costuma levar a uma violência ainda maior. O que tentaram até agora foram diversos tipos de violência e controle artificial vinculados, sobretudo, à vontade dos violentos. No momento crucial, esse controle foi naturalmente quebrado. Parece-me, portanto, que mais cedo ou mais tarde as massas europeias terão de se submeter à não violência se quiserem encontrar sua libertação.

Young India, 3 de setembro de 1925 (SB, p. 111)

Não estou interessado em libertar a Índia apenas do jugo inglês. Desejo libertar a Índia de todo e qualquer jugo. Não trocarei "um rei de madeira por um rei cegonha".* Portanto, para mim, o movimento do *swaraj* é um movimento de autopurificação.

Young India, 12 de junho de 1924 (SB, p. 118)

Nossa tirania, se impusermos nossa vontade aos outros, será infinitamente pior do que a dos poucos ingleses que formam a burocracia. No caso deles, trata-se de um terrorismo imposto por uma minoria que luta para continuar existindo em meio à oposição. No nosso caso, será um terrorismo imposto por uma maioria e, portanto, pior e mais ímpio do que no caso deles. Devemos, então, eliminar qualquer forma de compulsão de nossa luta. Se formos apenas uns poucos sustentando livremente a doutrina da não cooperação, talvez tenhamos de morrer na tentativa de converter os outros à nossa visão, mas teremos verdadeiramente defendido e representado nossa causa. Se, entretanto, sob nossa bandeira, alistássemos homens à força, estaríamos negando nossa causa e Deus; e o aparente sucesso do momento significaria que teríamos estabelecido um terror ainda pior.

Young India, 27 de outubro de 1921 (SB, p. 193-194)

---

* Referência às *Fábulas de Esopo*, fábula 5: "As rãs que queriam ter um rei". (N.T.)

Capítulo 9 – A democracia e o povo

Um democrata inato é um disciplinador inato. A democracia vem naturalmente para aquele que está habituado a obedecer voluntariamente a todas as leis, humanas ou divinas. Sou um democrata tanto por instinto quanto por treinamento. Aqueles que ambicionam servir à democracia devem primeiro se qualificar passando nesse teste decisivo de democracia. Além disso, um democrata deve ser totalmente abnegado. Ele não deve pensar em si mesmo ou em seu partido, mas somente na democracia. Só então ele adquire o direito de desobediência civil. Não quero que ninguém abandone suas convicções ou se reprima. Não acredito que uma diferença saudável e honesta de opinião possa prejudicar nossa causa. Mas o oportunismo, a camuflagem e os acordos para dirimir conflitos certamente o farão. Se você quiser discordar, deve tomar cuidado para que suas opiniões expressem suas convicções mais íntimas e não se destinem somente a um conveniente clamor partidário.

Valorizo a liberdade individual, mas não devemos nos esquecer de que o homem é, em essência, um ser social. Ele chegou a seu status atual aprendendo a adaptar seu individualismo de acordo com as exigências do progresso social. O individualismo irrestrito é a lei da selva. Aprendemos a atingir o meio-termo entre liberdade individual e contenção social. A submissão voluntária à contenção social em prol do bem-estar de toda a sociedade enriquece tanto o indivíduo quanto a sociedade da qual ele faz parte.
Harijan, 27 de maio de 1939 (SB, p. 190)

A regra de ouro da conduta, portanto, é a tolerância mútua, já que nunca pensaremos todos da mesma forma e veremos a Verdade sempre em fragmentos e de diferentes ângulos. Consciência não é a mesma coisa para todos. Embora seja uma boa referência para a conduta individual, a imposição dessa conduta a todos é uma interferência insuportável em sua liberdade de consciência.
Young India, 23 de setembro de 1926 (SB, p. 20)

Diferenças de opinião nunca devem significar hostilidade. Se fosse assim, minha esposa e eu seríamos inimigos jurados um do outro. Não conheço duas pessoas no mundo que não tenham nenhuma diferença de opinião, e, como sou seguidor do Gita, sempre tentei considerar aqueles que diferem de mim com o mesmo carinho que tenho por aqueles mais próximos e queridos.

Young India, 26 de março de 1931 (MM, p. 3)

Devo continuar reconhecendo erros estúpidos cada vez que as pessoas os cometerem. O único tirano que aceito neste mundo é a "vozinha silenciosa" dentro de mim. E ainda que eu tenha que enfrentar a perspectiva de uma minoria de um, acredito humildemente que tenho a coragem de estar numa minoria sem esperança.

Young India, 2 de março de 1922 (MM, p. 9)

Posso dizer com sinceridade que demoro a ver as imperfeições dos outros, uma vez que eu mesmo estou cheio de imperfeições e necessitando, portanto, de sua caridade. Aprendi a não julgar ninguém com severidade e a fazer concessões por defeitos que venha a detectar.

Harijan, 11 de março de 1939 (MM, p. 9)

Muitas vezes fui acusado de ter uma natureza inflexível. Foi-me dito que eu não me curvaria às decisões da maioria. Fui acusado de ser autocrático. [...] Nunca consegui aceitar a acusação de obstinação ou autocracia. Pelo contrário, orgulho-me da minha natureza flexível em assuntos não vitais. Detesto a autocracia. Como valorizo minha liberdade e independência, também as desejo para os outros. Não tenho nenhuma intenção de carregar outras pessoas comigo se não puder convencê-las pela razão. Levo minha inconvencionalidade a ponto de rejeitar a divindade dos *shastras* mais antigos se eles não conseguirem me convencer pela razão. Mas descobri, por experiência, que, se desejo viver em sociedade e ainda manter minha independência, devo limitar

os pontos de total independência a questões de primeira ordem. Em todas as outras questões que não envolvam um afastamento da religião pessoal ou código moral, devemos ceder à maioria.
Young India, 14 de julho de 1920 (MM, p. 11)

Não acredito na doutrina do bem maior do maior número. Em essência, significa que, para alcançar o suposto bem de 51%, os interesses de 49% das pessoas podem ou, aliás, devem ser sacrificados. É uma doutrina cruel que prejudicou bastante a humanidade. A única doutrina humana verdadeira e digna é o bem maior de todos, e isso só pode ser alcançado com autossacrifício extremo.
The Diary of Mahadev Desai (DM, p. 149)

Aqueles que pretendem liderar as massas devem recusar-se resolutamente a ser liderados por elas, se quisermos evitar a lei da máfia e desejarmos ordem e progresso para o país. Acredito que só renunciar à própria opinião e se render à opinião pública não é suficiente. Em questões de importância vital, os líderes devem *agir* de forma contrária à opinião pública se ela não tiver nenhuma lógica.
Young India, sem data; provavelmente, 23 de fevereiro de 1922 (SB, p. 201)

Um líder é inútil quando age contra o impulso de sua própria consciência, cercado, como deve ser, por pessoas com os mais variados pontos de vista. Ele ficará à deriva, como um navio sem âncora, se não tiver a voz interior para segurá-lo firme e guiá-lo.
Young India, 23 de fevereiro de 1922 (SB, p. 201-202)

Embora admita que o homem vive por hábito, parece-me melhor que ele viva pelo exercício da vontade. Acredito também que os homens são capazes de desenvolver sua vontade a tal ponto que será possível reduzir a exploração ao mínimo. Vejo um aumento do poder do Estado com bastante medo, porque, apesar do aparente bem que a redução da exploração traz, ela causa um

enorme dano à humanidade, destruindo a individualidade que está na raiz de todo progresso. Temos muitos casos de homens que adotaram a tutela, mas nenhum de um Estado que realmente tenha vivido para os pobres.
Mahatma, IV, 1934 (MT, IV, p. 15)

O Estado representa a violência de forma concentrada e organizada. O indivíduo tem uma alma, mas, como o Estado é uma máquina sem alma, não pode se desvincular da violência, a que deve sua própria existência.
Modern Review, outubro de 1935 (SB, p. 42)

Estou plenamente convicto de que, se o Estado suprimir o capitalismo pela violência, será apanhado na própria onda da violência e não conseguirá desenvolver a não violência em nenhum momento.
Modern Review, outubro de 1935 (SB, p. 42)

Autogoverno significa esforço contínuo para ser independente do controle do governo, seja ele estrangeiro ou nacional. O governo *swaraj* será um fiasco se as pessoas o procurarem para regulamentar cada detalhe da vida.
Young India, 6 de agosto de 1925 (SB, p. 109)

Devemos nos contentar em morrer se não pudermos viver como homens e mulheres livres.
Young India, 5 de janeiro de 1922 (SB, p. 109)

O governo da maioria tem uma aplicação restrita, ou seja, devemos ceder à maioria nos detalhes, mas ser condescendente com a maioria é ser escravo, não importa quais sejam suas decisões. Democracia não é um estado em que as pessoas agem como ovelhas. Na democracia, a liberdade de opinião e ação individual é preservada com zelo.
Young India, 2 de março de 1922 (SB, p. 110)

Capítulo 9 – A democracia e o povo

Em questões de consciência, a lei da maioria não tem lugar.
Young India, 4 de agosto de 1920 (SB, p. 110)

Estou convicto de que o homem só perde sua liberdade pela própria fraqueza.
India's Case for Swaraj, fevereiro de 1932 (SB, p. 116)

As armas britânicas não são responsáveis pela nossa sujeição tanto quanto nossa cooperação voluntária.
Young India, 9 de fevereiro de 1921 (SB, p. 116)

Mesmo o governo mais despótico não tem como se manter a não ser pelo consentimento dos governados, muitas vezes adquirido à força pelo déspota. Assim que o sujeito deixa de temer a força despótica, seu poder desaparece.
Young India, 30 de junho de 1920 (SB, p. 116)

A maioria das pessoas não entende o complicado mecanismo do governo. Elas não percebem que todo cidadão, silenciosamente, mas certamente, sustenta o governo do momento de maneiras que ele mesmo nem sabe. Todo cidadão, portanto, é responsável por qualquer ato de seu governo, e é bastante apropriado apoiá-lo, quando seus atos são decentes. Mas quando eles o prejudicam e ferem a nação, seu dever é negar o apoio.
Young India, 28 de julho de 1920 (SB, p. 191)

É verdade que, na grande maioria dos casos, o dever de um sujeito é submeter-se a erros por falha do procedimento usual, desde que eles não afetem seu ser vital. Mas toda nação e todo indivíduo tem o direito, e é seu dever, de levantar-se contra um erro intolerável.
Young India, 9 de junho de 1920 (SB, p. 191)

Não há bravura maior do que se recusar a se curvar diante de um poder terreno, por maior que ele seja, sem amargura de espírito e na plenitude da fé que somente o espírito vive, e nada mais.
Harijan, 15 de outubro de 1939 (MM, p. 100)

Só alcançaremos a liberdade exterior na proporção exata com a liberdade interior que conquistamos. E se essa é a visão correta de liberdade, nossa principal energia deve estar concentrada em realizar uma reforma interna.
Young India, 1 de novembro de 1928 (SB, p. 36)

O verdadeiro democrata é aquele que, com meios puramente não violentos, defende sua liberdade, por conseguinte a liberdade de seu país e, finalmente, a liberdade de toda a humanidade.
Harijan, 15 de abril de 1939 (MM, p. 132)

Democracia com disciplina e iluminação é a melhor coisa do mundo. Democracia com preconceito, ignorância e superstição só gerará caos e acabará destruindo a si mesma.
Young India, 30 de julho de 1931 (MM, p. 130)

Democracia e violência não podem andar juntas. Os Estados que hoje são nominalmente democráticos ou devem se tornar francamente totalitários ou, se quiserem ser verdadeiramente democráticos, devem ter a coragem de adotar a não violência. É uma blasfêmia dizer que a não violência só pode ser praticada por indivíduos e nunca por nações, que são compostas de indivíduos.
Harijan, 12 de novembro de 1938 (MM, p. 131)

Para mim, o único treinamento em *swaraj* que precisamos é a capacidade de nos defender contra o mundo inteiro e viver nossa vida em perfeita liberdade, mesmo que ela esteja cheia de defeitos. Um bom governo não substitui o autogoverno.
Young India, 22 de setembro de 1938 (MT, II p. 24)

Não culpo os britânicos. Se fôssemos fracos em número como os britânicos, talvez tivéssemos recorrido aos mesmos métodos que eles estão empregando. O terrorismo e o engano são armas não dos fortes, mas dos fracos. Os britânicos são fracos em número, nós somos fracos apesar de nosso número. O resultado é que cada um está arrastando o outro para baixo. É comum que os ingleses percam caráter depois de morar na Índia e que os indianos percam coragem e masculinidade pelo contato com os ingleses. Esse processo de enfraquecimento não é bom nem para nós, nossas duas nações, nem para o mundo.

Mas se nós, indianos, nos cuidarmos, os ingleses e o resto do mundo cuidarão de si mesmos. Nossa contribuição para o progresso do mundo deve, portanto, consistir em colocar nossa própria casa em ordem.

Young India, 22 de setembro de 1920 (MT, II p. 25-26)

Qual é, então, o significado de não cooperação em termos da lei do sofrimento? Devemos voluntariamente suportar as perdas e inconveniências que surgem por ter que retirar nosso apoio de um governo que está governando contra a nossa vontade. "Posse de poder e riqueza é um crime num governo injusto; a pobreza, nesse caso, é uma virtude", diz Thoreau. Pode ser que, no estado de transição, cometamos erros; pode haver sofrimento evitável. Essas coisas são preferíveis à castração nacional.

Devemos nos recusar a esperar que o erro seja corrigido até que o malfeitor seja despertado para sua iniquidade. Não devemos, por medo do sofrimento, nosso ou de outros, continuar sendo partícipes disso. Devemos combater o mal deixando de ajudar o malfeitor, direta ou indiretamente.

Se um pai comete alguma injustiça, seus filhos têm o dever de abandonar sua casa. Se o diretor de uma escola conduz sua instituição com base na imoralidade, os alunos devem deixar a escola. Se o presidente de uma corporação é corrupto, seus membros devem se limpar da corrupção, afastando-se dela. Do mesmo modo, se um governo comete uma grave injustiça, o

sujeito deve interromper sua cooperação, total ou parcialmente, o suficiente para distanciar o governante da iniquidade. Em cada caso concebido por mim há um elemento de sofrimento mental ou físico. Sem esse sofrimento, não é possível alcançar a liberdade.
Young India, 16 de junho de 1920 (MT, I p. 357)

No momento em que me tornei um *satyagrahi*, deixei de ser um sujeito, mas nunca deixei de ser um cidadão. Um cidadão obedece às leis voluntariamente, nunca por coerção ou medo da punição prevista para sua violação. Ele as quebra quando considera necessário e acolhe a punição. Isso tira a força delas e da desgraça que elas vêm provocar.
Mahatma, VI, maio de 1943 (MT, VI p. 269)

Desobediência civil total é rebelião sem o elemento de violência. Um agressor civil simplesmente ignora a autoridade do Estado. Ele se torna um criminoso, alegando desconsiderar todas as leis imorais do Estado. Assim, por exemplo, ele pode se recusar a pagar impostos, pode se recusar a reconhecer autoridade em suas relações diárias. Pode se recusar a obedecer a lei da violação de propriedade e decidir entrar em quartéis militares para falar com os soldados, pode se recusar a submeter-se a limitações sobre greve e resolver fazer greve dentro da área prescrita. Ao fazer tudo isso, ele nunca usa a força e nunca resiste à força quando ela é usada contra ele. Na verdade, ele chama para si a prisão e outros usos da força. Isso ele faz porque e quando a liberdade corporal, de que ele aparentemente desfruta, lhe parece um fardo intolerável. Ele diz para si mesmo que um Estado só permite a liberdade pessoal na medida em que o cidadão se submete aos seus regulamentos. Submissão à lei do Estado é o preço que um cidadão paga por sua liberdade pessoal. Submissão, portanto, a uma lei do Estado totalmente ou em grande parte injusta é uma permuta imoral pela liberdade. Um cidadão que assim percebe a natureza perversa de um Estado não está satisfeito em viver em seu sofrimento e, portanto, parece aos outros que não compartilham de sua crença

Capítulo 9 – A democracia e o povo

ser um incômodo para a sociedade, enquanto tenta compelir o Estado, sem cometer uma violação moral, a prendê-lo. Dito isso, a resistência civil é a expressão mais poderosa da angústia de uma alma e um protesto eloquente contra a perpetuação de um Estado perverso. Não é essa a história de toda reforma? Os reformadores, para desgosto de seus semelhantes, não descartaram até mesmo símbolos inócuos associados a uma prática maligna? Quando um corpo de homens renega o Estado sob o qual eles até então viviam, eles quase estabelecem seu próprio governo. Digo quase, pois eles não chegam ao ponto de usar a força quando encontram resistência do Estado. Seu "negócio", como do indivíduo, deve ser interrompido ou desfeito pelo Estado, a menos que reconheça sua existência separada, em outras palavras, a menos que se curve à sua vontade. Assim, 3 mil indianos na África do Sul, após a devida notificação ao governo do Transvaal, cruzaram a fronteira do Transvaal em 1914, desafiando a Lei de Imigração do Transvaal, e obrigaram o governo a prendê-los. Quando o governo não conseguiu incitá-los à violência ou coagi-los à submissão, rendeu-se às suas exigências. Um corpo de resistentes civis é, portanto, como um exército sujeito a toda a disciplina de um soldado, apenas mais dura por causa da falta de entusiasmo da vida de um soldado comum. E como um exército de resistência civil é ou deveria ser livre de paixão, por ser livre do espírito de retaliação, ele requer o menor número de soldados. De fato, uma resistência civil *perfeita* é suficiente para vencer a batalha do Certo contra o Errado.

Young India, 10 de novembro de 1921 (SB, p. 192-193)

A disciplina tem um lugar na estratégia não violenta, mas é preciso muito mais. Num exército *satyagraha*, todo mundo é soldado e servo. Mas, em caso de necessidade, cada soldado *satyagrahi* também deve ser seu próprio general e líder. A mera disciplina não gera liderança. Esta última exige fé e visão.

Harijan, 28 de julho de 1940 (SB, p. 203)

Quando a autoconfiança é a norma, quando ninguém precisa olhar com expectativa para outro, quando não há líderes nem seguidores ou quando todos são líderes e todos são seguidores, a morte de um lutador, por mais eminente que seja, não contribui para a negligência, mas, por outro lado, intensifica a luta.
Sabarmati, c. 1928 (SB, p. 203)

Todo bom movimento passa por cinco estágios: indiferença, ridicularização, abuso, repressão e respeito. Tivemos indiferença por alguns meses. Então o vice-rei achou graça de nós. Abuso, incluindo deturpação, tem sido a norma. Os governadores provinciais e a imprensa contra a não cooperação acumularam abusos em relação ao movimento. Agora vem a repressão, no momento, ainda de forma bastante branda. Todo movimento que sobrevive à repressão, leve ou severa, invariavelmente merece respeito, que é outro nome para sucesso. Essa repressão, se formos verdadeiros, pode ser tratada como um sinal inequívoco de vitória iminente. Mas, se formos verdadeiros, não seremos intimidados, não retaliaremos agressivamente nem seremos violentos. Violência é suicídio.
Young India, 9 de março de 1921 (SB, p. 204)

Minha confiança é inabalável. Se um único *satyagrahi* se mantiver firme até o fim, a vitória é absolutamente certa.
Sabarmati, 1928 (SB, p. 203)

Meu trabalho estará terminado se eu conseguir convencer a família humana de que todo homem ou mulher, por mais fraco que seja no corpo, é o guardião de seu amor-próprio e sua liberdade. Essa defesa é útil, mesmo que o mundo inteiro esteja contra o indivíduo.
Mahatma, VI, 9 de agosto de 1944 (MT, VI p. 336)

Capítulo 10

Educação

A verdadeira educação consiste em extrair o melhor de si mesmo. Que melhor livro pode haver do que o livro da humanidade?

Harijan, 30 de março de 1934 (SB, p. 251)

A meu ver, a verdadeira educação do intelecto só pode ser alcançada por meio de um treinamento apropriado dos órgãos do corpo, por exemplo, mãos, pés, olhos, ouvidos, nariz etc. Em outras palavras, o uso inteligente dos órgãos do corpo de uma criança é a melhor e mais rápida maneira de desenvolver seu intelecto. Mas se o desenvolvimento da mente e do corpo não andar de mãos dadas com o despertar correspondente da alma, ele, por si só, geraria desequilíbrio. Com treinamento espiritual quero dizer educação do coração. Um desenvolvimento adequado e abrangente da mente, portanto, só pode ocorrer quando segue *pari passu* com a educação das faculdades físicas e espirituais da criança. Eles constituem um todo indivisível. De acordo com essa teoria, portanto, seria um absurdo dizer que elas podem ser desenvolvidas de forma fragmentada ou independente umas das outras.

Harijan, 8 de maio de 1937 (SB, p. 256)

Com educação quero dizer o ato de extrair o melhor na criança e no adulto: corpo, mente e espírito. A alfabetização não é o fim da educação, nem seu começo. É somente um dos meios pelos quais o homem e a mulher podem ser educados. Alfabetização em si não é educação. Por isso, eu começaria a educação de uma criança ensinando-lhe um ofício manual que lhe fosse útil e permitindo-lhe produzir a partir do momento em que começa seu treinamento. Desse modo, toda escola pode se tornar autossuficiente se o Estado assumir a produção dessas escolas. A meu ver, o maior desenvolvimento da mente e da alma se dá nesse sistema de educação. Basta que todo ofício manual seja ensinado, não só mecanicamente, como é feito hoje, mas cientificamente, isto é, a criança deve saber o porquê de cada processo. Não estou escrevendo isso sem alguma confiança, porque esse método tem o respaldo da experiência. Ele está sendo adotado, em algum nível, em todo lugar onde a fiação é ensinada aos trabalhadores. Eu mesmo ensinei a fabricar sandálias e até mesmo a fiar, com bons resultados. Esse método não exclui um conhecimento de história e geografia. Mas acho que isso está sendo ensinado com a transmissão oral de informações gerais. O indivíduo transmite dez vezes mais assim do que por meio da leitura e do ato de escrever. Os sinais do alfabeto podem ser ensinados mais tarde, quando o aluno já aprendeu a diferenciar o joio do trigo e já desenvolveu um pouco os seus gostos. Trata-se de uma proposta revolucionária, mas que poupa muito trabalho e permite que o aluno adquira, em um ano, o que ele poderia levar muito mais tempo para aprender. Isso significa economia geral. Evidentemente, o aluno aprende matemática enquanto aprende seu ofício.

Harijan, 31 de julho de 1937 (SB, p. 256-257)

Admito minhas limitações. Não tenho educação universitária propriamente dita. Meu desempenho no ensino médio nunca foi acima da média. Sentia-me feliz quando conseguia passar nas provas. A distinção na escola estava além da minha aspiração. No entanto, tenho pontos de vista muito fortes sobre a educação em geral, incluindo o chamado "ensino superior". E devo ao país que meus pontos de vista sejam expostos e considerados no que possam ter de útil. Devo abandonar a timidez que quase me levou à supressão própria. Não devo temer o ridículo e até a perda de popularidade ou prestígio. Se eu ocultar minha crença,

Capítulo 10 – Educação

jamais corrigirei erros de julgamento. Estou sempre ávido por descobri-los e mais ávido ainda por corrigi-los.

Deixe-me agora apresentar as conclusões que sustentei por muitos anos e reforcei sempre que tive oportunidade de reforçá-las:

1. Não me oponho à educação, mesmo a do tipo mais elevado do mundo.
2. O Estado deve pagar pela educação em todo lugar onde ela tiver um uso definido.
3. Oponho-me a que todo ensino superior seja pago a partir das receitas gerais.
4. Estou plenamente convicto de que a grande quantidade da chamada "educação artística" que se dá em nossas faculdades é um desperdício e resultou em desemprego entre as classes instruídas. Além disso, essa disciplina destruiu a saúde, mental e física, dos meninos e meninas que tiveram a infelicidade de estudá-la em nossas faculdades.
5. O uso de uma língua estrangeira, meio pelo qual o ensino superior tem sido transmitido na Índia, causou danos intelectuais e morais incalculáveis à nação. Estamos perto demais do nosso próprio tempo para calcular o tamanho do dano causado. E nós, que recebemos tal educação, temos de ser vítimas e juízes ao mesmo tempo, uma façanha quase impossível.

Devo apresentar minhas razões para as conclusões expostas acima. A melhor maneira de fazer isso talvez seja contando um episódio da minha própria vida.

Até os doze anos, todo conhecimento que ganhei foi através do guzerate, minha língua materna. Na época, eu sabia um pouco de aritmética, história e geografia. Então, entrei no ensino médio. Nos primeiros três anos, a língua materna ainda era o meio. Mas o objetivo do professor era inculcar o inglês na cabeça do aluno. Portanto, mais da metade do nosso tempo era dedicado ao aprendizado do inglês e ao domínio de sua ortografia e pronúncia arbitrárias. Foi uma descoberta dolorosa ter que aprender uma língua que não se pronunciava como se escrevia. Foi uma experiência estranha ter que aprender a ortografia de cor. Mas isso é só um comentário, irrelevante para o meu argumento. De qualquer forma, nos primeiros três anos, a coisa foi relativamente fácil. O suplício começou no quarto ano. Tudo tinha que ser aprendido em inglês: geometria, álgebra, química, astronomia, história, geografia. A tirania do inglês era tão grande que até sânscrito ou persa tinham que ser aprendidos em inglês, não em nossa língua materna. Se algum menino falava em guzerate o que havia entendido, era punido. Não importava para o professor que o menino falasse mal inglês, sem conseguir pronunciar corretamente as palavras nem as entender completamente. Por que o professor se preocuparia? Seu próprio inglês não era de modo algum perfeito. E não poderia ser de outra forma. O inglês era uma língua estrangeira para ele tanto quanto para seus alunos. O resultado foi o caos. Nós, os meninos, tínhamos que aprender muitas coisas de cor, embora não pudéssemos compreendê-las plenamente e, muitas vezes, nem as entendêssemos. Eu ficava totalmente atordoado quando o professor tentava explicar geometria. Não entendi nada de geometria até chegarmos ao décimo terceiro teorema do primeiro livro de Euclides. E deixe-me confessar ao leitor que, apesar de todo o meu amor pela língua materna, até hoje não conheço os equivalentes em guzerate para os termos técnicos de geometria, álgebra e afins. Sei agora que o que levei quatro anos para aprender de aritmética, geometria, álgebra, química e astronomia, eu teria aprendido facilmente em um ano, se não tivesse tido que aprendê-las em inglês, mas em guzerate. Minha compreensão dos assuntos teria sido mais fácil e clara. Meu vocabulário em guzerate seria mais rico. Eu poderia usar esse conhecimento em minha própria casa. O uso do inglês como meio de transmissão criou uma barreira intransponível entre mim e os membros da minha família, que não tinham passado por escolas em inglês. Meu pai não sabia nada do que

Capítulo 10 – Educação

eu estava fazendo. Eu não podia, mesmo que quisesse, fazer meu pai se interessar pelo que eu estava aprendendo. Pois, embora ele fosse muito inteligente, não conhecia uma palavra de inglês. De uma hora para a outra, eu estava me tornando um estrangeiro em minha própria casa. Sem dúvida, me tornei uma pessoa superior. Até minha maneira de me vestir começou a passar por mudanças imperceptíveis. O que aconteceu comigo não foi uma experiência incomum. Isso acontecia com a maioria das pessoas.

Os primeiros três anos do ensino médio pouco somaram ao meu conhecimento geral. Eles serviam de preparação para que os meninos pudessem aprender tudo em inglês. As escolas de ensino médio eram escolas de conquista cultural do inglês. O conhecimento adquirido pelos trezentos garotos da minha escola tornou-se algo seleto. Não era para ser transmitido às massas.

Uma palavra sobre literatura. Tivemos de ler vários livros de prosa inglesa e poesia inglesa. Sem dúvida, foi legal. Mas esse conhecimento não me serviu de nada no contato com o povo. Não posso dizer que, se não tivesse aprendido o que aprendi da prosa e da poesia inglesas, teria perdido um tesouro valioso. Se, em vez disso, tivesse passado aqueles preciosos sete anos procurando dominar o guzerate e tivesse aprendido matemática, ciências, sânscrito e outros assuntos em guzerate, eu poderia facilmente compartilhar o conhecimento adquirido com meus vizinhos. Eu teria enriquecido o guzerate, e, quem sabe, eu não teria, com minha dedicação habitual e meu amor desmedido pelo país e pela língua materna, feito uma contribuição maior para as massas?

Não estou depreciando o inglês ou sua nobre literatura. Não me interpretem mal. As colunas do *Harijan* são provas suficientes do meu amor pelo inglês. Mas a nobreza de sua literatura não pode beneficiar a nação indiana mais do que o clima temperado ou a paisagem da Inglaterra. A Índia deve florescer em seu próprio clima, paisagem e literatura, embora os três possam ser inferiores ao clima, paisagem e literatura ingleses. Nós e nossos filhos devemos construir nossa própria herança. Se pegarmos outra herança emprestada, empobreceremos a nossa. Nunca poderemos crescer com base em provisões estrangeiras. Quero que a nação tenha os tesouros contidos nessa língua, em outras línguas do mundo, com o uso de seu próprio vernáculo. Não preciso aprender bengali para apreciar a beleza da obra incomparável de Rabindranath. Recebo-as em boas traduções. Meninos e meninas guzerates não precisam aprender russo para apreciar os contos de Tolstói. Eles os leem em boas traduções. Os ingleses se orgulham de que a melhor produção literária do mundo está nas mãos dessa nação, em inglês simples, após uma semana de sua publicação. Por que preciso aprender inglês para ter acesso ao melhor do que Shakespeare e Milton pensaram e escreveram?

Seria uma boa economia criar uma turma com a função de aprender o que há de melhor nas diferentes línguas do mundo e apresentar a tradução nos vernáculos. Nossos mestres escolheram o caminho errado para nós, e o hábito fez o errado parecer certo. [...]

As universidades devem ser autossuficientes. O Estado deveria simplesmente educar aqueles de cujos serviços necessita. Para todos os outros ramos de aprendizagem, deveria encorajar o esforço particular. O meio de instrução deve ser alterado de uma só vez e a qualquer custo, sendo dado às línguas provinciais o seu lugar de direito. Eu preferiria o caos temporário no ensino superior ao desperdício criminoso que se acumula diariamente. [...]

Assim, afirmo que não sou contra o ensino superior. Mas sou contra a educação superior como ela é dada neste país. No meu plano, deve haver mais e melhores bibliotecas, mais e melhores laboratórios, mais e melhores institutos de pesquisa. Deveríamos ter um exército de químicos, engenheiros e outros especialistas como verdadeiros servos da nação, respondendo às variadas e crescentes exigências de um povo que está se tornando cada vez mais consciente de seus direitos e desejos. E todos esses especialistas falarão não uma língua estrangeira, mas a língua do povo. O conhecimento adquirido por eles será propriedade

comum do povo. Haverá um trabalho verdadeiramente original em vez de mera imitação. E o custo será distribuído de maneira justa e igualitária.
Harijan, 9 de julho de 1938 (SB, p. 261-266)

A cultura indiana de nossos tempos está em formação. Muitos de nós estão se esforçando para produzir uma mistura de todas as culturas que hoje parecem estar em conflito umas com as outras. Nenhuma cultura conseguirá sobreviver se quiser ser exclusiva. Não existe essa história de "cultura ariana pura" hoje na Índia. Se os arianos eram nativos da índia ou eram intrusos indesejáveis, não me interessa muito. O que me interessa é o fato de que meus ancestrais remotos se misturaram entre si com a maior liberdade e que nós, da geração atual, somos resultado dessa mistura. Se estamos fazendo algum bem ao país em que nascemos e ao pequeno globo que nos sustenta ou se somos um fardo, só o futuro dirá.
Harijan, 9 de maio de 1936 (SB, p. 266-267)

Não quero que minha casa seja murada por todos os lados e que minhas janelas sejam obstruídas. Quero que as culturas de todos os países invadam minha casa do modo mais livre possível. Mas me recuso a me deixar impressionar por qualquer um. Não vejo problema em que nossos rapazes e moças com pendor literário aprendam quanto queiram de inglês e outras línguas do mundo e tragam os benefícios de seu aprendizado para a Índia e para o mundo, como um Bose, um Ray ou o próprio Poeta.* Mas não gostaria que um único indiano esquecesse, negligenciasse ou tivesse vergonha de sua língua materna, ou que ele se sentisse incapaz de pensar ou expressar suas ideias em seu próprio vernáculo. Minha religião não é uma religião de prisão.
Young India, 1 de junho de 1921 (SB, p. 267)

---

* Sir Jagdish Chandra Bose e sir P.C. Ray foram eminentes cientistas indianos; "o Poeta" refere-se a Rabindranath Tagore.

Música significa ritmo, ordem. Seu efeito é elétrico. Acalma imediatamente. Infelizmente, como nossos *shastras*, a música tem sido uma prerrogativa de poucos. Nunca foi nacionalizada no sentido moderno. Se eu tivesse alguma influência com escoteiros voluntários e organizações *Seva Samiti*, tornaria obrigatório o canto adequado em companhia de canções nacionais. E, para esse fim, teria grandes músicos participando de todos os congressos e conferências, ensinando música do povo.

Young India, 8 de setembro de 1920 (SB, p. 274)

Na opinião de Pandit Khare, com base em sua vasta experiência, a música deve fazer parte do currículo do ensino primário. Estou plenamente de acordo. A modulação da voz é tão necessária quanto o treinamento da mão. Exercícios físicos, artesanato, desenho e música devem andar de mãos dadas a fim de extrair o melhor dos meninos e meninas e criar neles um interesse real em suas aulas.

Harijan, 11 de setembro de 1937 (SB, p. 274)

Os olhos, as orelhas e a língua vêm antes da mão. A leitura vem antes do ato de escrever, e o desenho, antes do esboço das letras do alfabeto. Se esse método natural for seguido, a compreensão das crianças terá muito mais chance de desenvolvimento do que o método de controle, que começa com o ensino do alfabeto às crianças.

The Mind of Mahatma Gandhi (MM, p. 162)

Nada pode estar mais longe do meu pensamento do que a ideia de que devemos nos tornar exclusivos ou erguer barreiras. Mas posso dizer, com todo respeito, que uma apreciação de outras culturas pode seguir, nunca preceder, uma apreciação e assimilação de nossa própria cultura. [...] Uma compreensão acadêmica sem prática por trás é como um cadáver embalsamado, talvez bonito de se ver, mas sem nada para inspirar ou enobrecer. Minha religião proíbe-me de menosprezar ou desconsiderar outras culturas, ao

mesmo tempo que insiste, sob pena de suicídio civil, em absorver e viver a minha própria.
Young India, 1 de setembro de 1921 (SB, p. 254)

A ideia totalmente falsa de que a inteligência só pode ser desenvolvida por meio da leitura de livros deve dar lugar à verdade de que o desenvolvimento mais rápido da mente pode ser alcançado pelo aprendizado científico de um ofício manual. O verdadeiro desenvolvimento da mente começa assim que o sujeito aprende, a cada passo do processo, por que um determinado movimento de mão ou o uso de uma determinada ferramenta é necessário. O problema de desemprego dos estudantes pode ser resolvido sem dificuldade se eles estiverem entre os trabalhadores comuns.
Harijan, 9 de janeiro de 1927 (SB, p. 256)

Não sei se não é melhor dar às crianças grande parte da instrução preliminar oralmente. Impor às crianças de tenra idade o conhecimento do alfabeto e a habilidade de ler antes de poder adquirir conhecimento geral é privá-las, enquanto ainda estão frescas, do poder de assimilar a instrução oralmente.
Young India, 16 de setembro de 1926 (SB, p. 256)

O treinamento literário por si só não acrescenta nada à elevação moral, e a construção do caráter é independente da formação literária.
Young India, 1 de junho de 1921 (SB, p. 255)

Acredito piamente no princípio da educação primária gratuita e obrigatória na Índia. Além disso, em minha opinião, conseguiremos isso somente ensinando às crianças uma vocação útil e utilizando-a como meio para cultivar suas faculdades mentais, físicas e espirituais. Ninguém deve considerar esses cálculos econômicos relacionados à educação como algo sórdido ou fora de lugar. Não há nada essencialmente sórdido nos cálculos econômicos. A verdadeira economia nunca milita contra o mais alto padrão ético, assim como toda ética que se preze deve, ao mesmo tempo, ser boa também em termos econômicos.

Harijan, 9 de outubro de 1937 (SB, p. 258)

Valorizo a educação nas diferentes ciências. Nossos filhos não podem ter química e física demais.

The Mind of Mahatma Gandhi (MM, p. 161)

Eu desenvolveria na criança suas mãos, seu cérebro e sua alma. As mãos quase se atrofiaram. A alma foi completamente ignorada.

The Mind of Mahatma Gandhi (MM, p. 161)

Quanto à curiosidade das crianças sobre os fatos da vida, devemos responder-lhes se soubermos e admitir nossa ignorância se não soubermos. Se for algo que não deve ser dito, devemos reprimi-las e pedir-lhes que não façam essas perguntas para ninguém. Não devemos nunca as ignorar. Elas sabem mais do que imaginamos. Se não sabem e nos recusamos a dizer, elas tentarão descobrir por meios questionáveis. Mas se for algo a ser omitido delas, devemos correr esse risco.

Diary of Mahadev Desai (DM, p. 188)

Um pai sábio ou uma mãe sábia permite que os filhos cometam erros. É bom que eles queimem os dedos de vez em quando.

Mahatma Gandhi, The Last Phase, vol. I, c. 1946
(MGP, I, p. 44)

Não podemos controlar ou conquistar adequadamente o desejo sexual fechando os olhos para isso. Sou, portanto, fortemente a favor de ensinar aos meninos e às meninas o significado e o uso apropriado de seus órgãos genitais. De minha própria maneira, tentei transmitir esse conhecimento a crianças de ambos os sexos, por cuja formação fui responsável. Mas a educação sexual

Capítulo 10 – Educação

que defendo deve ter como objetivo a conquista e a sublimação do desejo sexual. Essa educação deveria servir automaticamente para que as crianças compreendam a diferença essencial entre um homem e um brutamontes, para fazê-las perceber que é um privilégio e um orgulho do homem ser dotado das faculdades da cabeça e do coração, que, além de ter sentimentos, ele é um animal pensante, e renunciar à soberania da razão sobre o instinto cego é, portanto, renunciar ao próprio poder do homem. No homem, a razão se antecipa e guia o sentimento; num brutamontes, a alma está sempre adormecida. Despertar o coração é despertar a alma adormecida, despertar a razão e inculcar a diferenciação entre o bem e o mal. Hoje, todo o nosso ambiente – nossa leitura, nosso pensamento e nosso comportamento social – é geralmente projetado para servir ao desejo sexual. Quebrar suas engrenagens não é uma tarefa fácil, mas é algo digno de todo o nosso esforço.

Mahatma, IV, 1936 (MT, IV, p. 76)

Capítulo 11

Mulheres

Sou da firme opinião de que a salvação da Índia depende do sacrifício e da iluminação de suas mulheres.
Harijan, 27 de junho de 1936 (SB, p. 239)

Ahimsa significa amor infinito, que, novamente, significa capacidade infinita de sofrimento. Quem, senão a mulher, a mãe do homem, apresenta essa capacidade ao máximo? Ela, que carrega o filho na barriga e o alimenta durante nove meses, tirando alegria do sofrimento envolvido. O que pode ser maior do que sofrimento causado pelas dores do parto? Mas ela os ignora na alegria da criação. Quem sofre, de novo, diariamente para que seu bebê possa crescer dia a dia? Que ela transfira esse amor para toda a humanidade, que esqueça que alguma vez foi ou pode vir a ser objeto do desejo do homem. E ela ocupará sua posição de orgulho ao lado do homem como sua mãe, criadora e líder silenciosa. Cabe a ela ensinar a arte da paz ao mundo em guerra, sedento desse néctar.
Harijan, 24 de fevereiro de 1940 (SB, p. 241)

Minha opinião pessoal é que, assim como fundamentalmente o homem e a mulher são um, seu problema, em essência, deve ser um. A alma é a mesma em ambos. Os dois vivem a mesma vida, têm os mesmos sentimentos. Um complementa o outro. Um não pode viver sem a ajuda ativa do outro.

De algum modo, porém, o homem dominou a mulher em eras passadas, fazendo com que a mulher desenvolvesse um complexo de inferioridade. Ela acreditou na verdade do ensino interessado do homem de que ela é inferior a ele. Mas os homens de visão reconheceram a igualdade de seu status.

No entanto, não há dúvida de que em algum momento há uma bifurcação. Embora ambos sejam fundamentalmente um, também é verdade que, na forma, há uma diferença vital entre os dois. Por isso, as vocações dos dois também devem ser diferentes. O dever da maternidade, que a vasta maioria das mulheres sempre assumirá, requer qualidades que o homem não precisa ter. Ela é passiva, ele é ativo. Ela, em essência, é a dona da casa. Ele sai para ganhar o pão, que ela guarda e distribui. Ela é a cuidadora, em todos os sentidos. A arte de educar os bebês de sua raça é sua única e especial prerrogativa. Sem seus cuidados, sua raça deixa de existir.

Na minha opinião, é degradante, tanto para o homem quanto para a mulher, que a mulher seja chamada ou induzida a abandonar o lar e a carregar um rifle para proteger esse lar. Isso é sucumbir à barbárie, e o começo do fim. Ao tentar montar o cavalo que o homem monta, ela afunda a si mesma e leva o homem junto. O pecado estará na cabeça do homem para tentar ou forçar sua companheira a abandonar seu chamado especial. Há tanta bravura em manter a casa em ordem quanto em defendê-la de ataques externos.

Harijan, 24 de fevereiro de 1940 (SB, p. 239-240)

Se eu tivesse nascido mulher, me rebelaria contra qualquer insinuação por parte do homem de que a mulher nasceu para ser seu brinquedo. No nível mental, tornei-me mulher para roubar seu coração. Não consegui roubar o coração da minha mulher até que decidi tratá-la de forma diferente do que costumava fazer, e assim restituí a ela todos os seus direitos, despojando-me de todos os meus supostos direitos como marido dela.

Young India, 8 de dezembro de 1927 (MM, p. 111)

De todos os males pelos quais o homem se tornou responsável, nenhum é tão degradante, tão chocante ou tão brutal quanto seu abuso da melhor metade da humanidade: para mim, o sexo

feminino, não o sexo frágil. O mais nobre dos dois, pois é até hoje a personificação do sacrifício, do sofrimento silencioso, da humildade, da fé e do conhecimento.
Young India, 15 de setembro de 1921 (MM, p. 111-112)

A mulher deve deixar de se considerar objeto de desejo do homem. A solução está mais em suas mãos do que nas mãos do homem.
Young India, 21 de julho de 1921 (MM, p. 111)

A castidade não é um cultivo de estufa. Não pode ser protegida pela parede circundante da *purdah*. Ela deve ser cultivada por dentro e, para valer alguma coisa, deve ser capaz de resistir a toda e qualquer tentação.
Young India, 3 de fevereiro de 1927 (SB, p. 248)

E por que há toda essa ansiedade mórbida em relação à pureza feminina? As mulheres dizem alguma coisa em relação à pureza masculina? Não ouvimos nada sobre a ansiedade das mulheres em relação à castidade dos homens. Por que os homens deveriam se julgar no direito de regular a pureza feminina? Isso é algo que não pode ser imposto externamente. É uma questão de evolução interna, que depende, portanto, do esforço individual.
Young India, 25 de novembro de 1926 (SB, p. 248)

A mulher, a meu ver, é a personificação do autossacrifício, mas hoje, infelizmente, ela não percebe a enorme vantagem que tem sobre o homem. Como Tolstói costumava dizer, elas estão trabalhando sob a hipnótica influência do homem. Se compreendessem a força da não violência, não consentiriam em serem chamadas de sexo frágil.
Young India, 14 de janeiro de 1932 (MM, p. 112)

Chamar a mulher de sexo frágil é uma difamação, é uma injustiça do homem em relação às mulheres. Se por força se entende força

bruta, então, de fato, a mulher é menos forte do que o homem. Se por força se entende poder moral, então a mulher é imensamente superior ao homem. Sua intuição e autossacrifício não são maiores, ela não tem mais poder de resistência e coragem? Sem ela, o homem não existiria. Se a não violência é a lei do nosso ser, o futuro está nas mãos das mulheres. [...] Quem pode fazer um apelo mais eficaz ao coração do que a mulher?
Young India, 10 de abril de 1930 (MM, p. 112)

As mulheres são guardiãs especiais de tudo o que é puro e religioso na vida. Conservadoras por natureza, se elas são lentas em abandonar hábitos supersticiosos, elas também demoram a desistir de tudo que é puro e nobre na vida.
Harijan, 25 de março de 1931 (MM, p. 112)

Acredito na educação adequada das mulheres. Mas acredito também que a mulher não fará sua contribuição ao mundo imitando os homens ou competindo com eles. Ela pode até competir, mas não chegará aonde é capaz de chegar imitando o homem. Ela tem que ser o complemento do homem.
Harijan, 27 de fevereiro de 1937 (MM, p. 113)

A mulher é a companheira do homem dotada de capacidades mentais iguais. Ela tem o direito de participar de todos os detalhes das atividades do homem e tem o mesmo direito de liberdade que ele. Ela tem direito a um lugar supremo em seu próprio âmbito de atividade, como o homem tem no seu. Assim devem ser as coisas naturalmente, e não apenas um resultado de ela aprender a ler e a escrever. Por força de um costume cruel, até os homens mais ignorantes têm desfrutado de superioridade em relação às mulheres, uma superioridade que eles não merecem e não deveriam ter.
Women and Social Injustice, publicado em 1942 (WSI, p. 4-5)

Capítulo 11 – Mulheres

Se as mulheres esquecerem que pertencem ao sexo mais fraco, não tenho dúvidas de que poderão fazer infinitamente mais do que os homens na guerra. Respondam vocês mesmos o que seus grandes soldados e generais fariam se suas esposas, filhas e mães se recusassem a aceitar qualquer participação sua no militarismo.
Women and Social Injustice, publicado em 1942 (WSI, p. 18)

Uma irmã que é uma boa trabalhadora e estava ansiosa para permanecer celibatária a fim de servir melhor a causa do país casou-se recentemente, após ter encontrado o companheiro de seus sonhos. Mas ela imagina que, ao fazê-lo, errou e caiu do alto ideal que havia estabelecido antes. Tentei livrar sua mente dessa ilusão. Sem dúvida, é excelente que as meninas permaneçam solteiras em nome do serviço, mas é fato que apenas uma em um milhão é capaz de fazê-lo. O casamento é uma coisa natural na vida, e considerá-lo depreciativo em qualquer sentido é completamente errado. Quando alguém considera qualquer ato uma queda, é difícil, por mais que se tente, levantar-se. A ideia é considerar o casamento como um sacramento e, portanto, levar uma vida de autocontrole no matrimônio. O casamento no hinduísmo é um dos quatro *ashramas*. Na verdade, os outros três são baseados nele.

O dever da irmã mencionada acima e de outras irmãs que pensam como ela não é, portanto, menosprezar o casamento, mas dar-lhe o seu devido lugar e fazer dele o sacramento que é. Se elas exercitarem o autocontrole necessário, encontrarão dentro de si uma força maior para o serviço. Aquela que deseja servir naturalmente escolherá um parceiro na vida que pense parecido com ela, e seu serviço conjunto será um ganho para o país.
Harijan, 22 de março de 1942 (SB, p. 246)

O casamento confirma o direito de união entre duas pessoas, excluindo todas as outras, quando, em sua opinião conjunta, elas consideram desejável tal união, mas não confere direito a uma das partes de exigir obediência da outra em relação a seu

desejo de união. O que se deve fazer quando um dos dois, por motivos morais ou algum outro motivo, não consegue se adaptar aos desejos do outro é uma questão à parte. Pessoalmente, se o divórcio for a única alternativa, não hesitaria em aceitá-lo, em vez de interromper meu progresso moral com base na premissa de que quero me conter por motivos puramente morais.
Young India, 8 de outubro de 1925 (SB, p. 246-247)

É uma tragédia que, em geral, nossas meninas não aprendem sobre os deveres da maternidade. Mas se a vida de casada é um dever religioso, a maternidade também deve ser. Ser uma mãe ideal não é fácil. A procriação deve ser empreendida com total senso de responsabilidade. A mãe deve saber qual é seu dever desde o momento da concepção até o momento em que o bebê nasce. E aquela que dá filhos inteligentes, saudáveis e educados ao país certamente está prestando um serviço. Quando eles crescerem, eles também estarão prontos para servir. A verdade é que aqueles que estão ávidos por servir sempre servirão, qualquer que seja sua condição na vida. Eles jamais adotarão um estilo de vida que interfira no serviço.
Women and Social Injustice, publicado em 1942 (WSI, p. 180)

"Algumas pessoas se opõem a uma modificação das leis relativas ao direito de propriedade de uma mulher casada, alegando que a independência econômica da mulher levaria à disseminação da imoralidade entre as mulheres e a uma ruptura da vida doméstica. Qual é a sua postura sobre esta questão?"

Respondo à pergunta com uma outra pergunta: a independência do homem e seu direito de propriedade levaram à disseminação da imoralidade entre os homens? Se sua resposta for afirmativa, então que seja assim também com as mulheres. E quando as mulheres tiverem direitos de propriedade e todo o resto como os homens, constataremos que o gozo de tais direitos não é responsável por suas qualidades ou defeitos. A moralidade

que depende da impotência de um homem ou uma mulher não é muito recomendável. A moralidade está enraizada na pureza de nossos corações.
Women and Social Injustice, publicado em 1942 (WSI, p. 184)

Um jovem me enviou uma carta que posso apresentar somente em parte. A carta dizia mais ou menos assim:
"Sou um homem casado. Um dia, viajei para o exterior. Durante minha ausência, um amigo meu, em quem eu e meus pais confiávamos totalmente, seduziu minha esposa, que engravidou dele. Meu pai agora insiste em que a garota recorra ao aborto; caso contrário, diz ele, a família será desonrada. Para mim, parece que seria errado fazê-lo. A coitada está cheia de remorso. Não come nem bebe mais, e vive chorando. O senhor poderia me dizer qual é o meu dever nesse caso?"

Publiquei essa carta com grande hesitação. Como todos sabem, esses casos são muito frequentes na sociedade. Uma discussão pública discreta da questão, portanto, não me parece algo inadequado. Parece-me claro como água que recorrer ao aborto seria um crime. Inúmeros maridos cometeram a mesma transgressão que essa pobre mulher, mas ninguém os questiona. A sociedade não apenas os desculpa, como também nem sequer os censura. Então, novamente, a mulher não tem como esconder sua vergonha, enquanto o homem consegue esconder seu pecado direitinho.

A mulher em questão merece piedade. O dever sagrado do marido é criar o bebê com todo o amor e ternura de que ele é capaz e não ouvir os conselhos de seu pai. Se ele deve continuar vivendo com sua esposa é uma questão espinhosa. As circunstâncias podem justificar a separação dela. Nesse caso, ele é obrigado a prover seu sustento e educação e deve ajudá-la a levar uma vida pura.

Não vejo nada de errado também em aceitar o arrependimento dela, se esse arrependimento for sincero e genuíno. Além disso, posso imaginar uma situação em que o dever sagrado do

marido seria aceitar de volta a esposa que errou, mas se arrependeu completamente e redimiu seu erro.
Women and Social Injustice, publicado em 1942 (WSI, p. 87)

A resistência passiva é considerada a arma dos fracos, mas a resistência para a qual precisei inventar um novo nome é a arma dos fortes. Tive de cunhar uma nova palavra para dizer o que eu queria dizer. Mas sua beleza incomparável reside no fato de que, embora seja a arma dos fortes, ela pode ser usada pelos fracos, pelos idosos e até mesmo pelas crianças, se eles tiverem o coração forte. E como a resistência no *satyagraha* se dá por meio do sofrimento pessoal, é uma arma predominantemente aberta às mulheres. Descobrimos no ano passado que as mulheres na Índia, em muitos casos, superaram seus irmãos em sofrimento, e ambos desempenharam um papel importante na campanha. Pois o ideal de sofrimento pessoal tornou-se contagiante, e elas embarcaram em incríveis atos de abnegação. Se as mulheres e as crianças da Europa se inflamassem de amor pela humanidade, elas tomariam os homens de assalto e acabariam com o militarismo num piscar de olhos. A ideia aqui é que as mulheres, as crianças e outros têm a mesma alma, o mesmo potencial. A questão é extrair o poder ilimitado da verdade.
Women and Social Injustice, publicado em 1942 (WSI, p. 187)

Quando uma mulher é agredida, ela não pode parar para pensar em termos de *himsa* ou *ahimsa*. Seu principal dever é a autoproteção. Ela tem a liberdade de empregar todos os métodos ou meios que lhe vierem à mente para defender sua honra. Deus lhe deu unhas e dentes. Ela deve usá-los com toda a sua força e, se necessário, morrer nesse esforço. O homem ou a mulher que perdeu todo o medo da morte será capaz não apenas de proteger a si mesmo, mas também aos outros, entregando sua vida. Na verdade, morremos de medo da morte e, por isso, acabamos nos submetendo à força física superior. Alguns se curvarão perante

Capítulo 11 – Mulheres

o invasor, outros recorrerão ao suborno, outros, ainda, rastejarão ou se submeterão a outras formas de humilhação, e algumas mulheres chegam até a entregar o próprio corpo para não morrer. Não escrevo isso como crítica. Estou apenas ilustrando a natureza humana. Se rastejamos ou se uma mulher cede ao desejo do homem, isso é um símbolo do amor pela vida que faz com que nos sujeitemos a qualquer coisa. Portanto, somente aquele que está disposto a perder a vida poderá salvá-la. Para aproveitar a vida, devemos abandonar a sedução da vida. Isso deve ser parte da nossa natureza.

Discurso, 22 de dezembro de 1916 (MT, VI, p. 78)

Para mim, não pode haver preparação para a violência. Toda preparação deve ser para a não violência, se quisermos desenvolver a coragem mais elevada. [...] Se houver mulheres que, quando assaltadas por canalhas, não podem resistir sem armas, elas não precisam ser *aconselhadas* a portar armas. Elas *farão* isso. Há algo errado nessa constante polêmica sobre se devemos ou não portar armas. As pessoas precisam aprender a ser naturalmente independentes. Se elas se lembrarem da lição central, a saber, que a verdadeira e efetiva resistência está na não violência, elas moldarão sua conduta de acordo. E é isso que o mundo vem fazendo, embora sem pensar. Como não tem o tipo mais elevado de coragem, ou seja, a coragem resultante da não violência, ele se arma até com bomba atômica. Aqueles que não veem nisso a futilidade da violência naturalmente se armarão o máximo que puderem.

Harijan, 9 de fevereiro de 1947 (MGP, I, p. 327)

As mulheres americanas devem mostrar o poder que as mulheres podem ter no mundo. Mas isso só pode acontecer quando vocês deixarem de ser o brinquedo das horas vagas dos homens. Vocês têm liberdade. Vocês podem se tornar uma força para a paz, recusando-se a serem carregadas pela maré da pseudociência glorificando a autoindulgência que está engolindo o Ocidente

hoje e, em vez disso, dedicar a mente de vocês à ciência da não violência. Porque o perdão é a sua natureza. Ao imitar os homens, vocês não se tornam homens e tampouco podem expressar sua verdadeira essência e desenvolver o talento especial que Deus lhes deu. Deus concedeu às mulheres o poder da não violência mais do que ao homem. Esse poder é ainda mais eficaz porque é mudo. As mulheres são as mensageiras naturais do evangelho da não violência. Basta que elas saibam do poder que têm.
Mahatma Gandhi, The Last Phase, vol. II, em conversa, c. 1947
(MGP, II, p. 103)

Mas tenho a firme convicção de que, se os homens e as mulheres da Índia cultivarem em si mesmos a coragem de enfrentar a morte com valentia e de forma não violenta, eles podem rir de desprezo do poder dos armamentos e realizar o ideal de total independência das massas, que serviria de exemplo para o mundo. Nisso as mulheres podem assumir a liderança, pois elas são uma personificação do poder do sofrimento pessoal.
Mahatma Gandhi, The Last Phase, vol. II, em conversa, c. 1947
(MGP, II, p. 104)

Capítulo 12

Miscelânea

Não quero prever o futuro. Estou preocupado em cuidar do presente. Deus não me deu controle sobre o momento seguinte.
Young India, 25 de maio de 1921 (SB, p. 11)

Fiquei conhecido como maníaco, oportunista, louco. Evidentemente, a reputação é merecida. Aonde quer que eu vá, atraio maníacos, oportunistas e loucos.
Young India, 13 de junho de 1929 (MM, p. 4)

O mundo sabe muito pouco do quanto minha suposta grandeza depende da labuta incessante de trabalhadores silenciosos, dedicados, capazes e puros, tanto homens quanto mulheres.
Young India, 26 de abril e 1928 (MM, p. 8)

Não me vejo como uma pessoa inteligente. Levo mais tempo do que os outros para entender algumas coisas, mas não me importo. Há um limite para o progresso do homem em termos de inteligência, mas o desenvolvimento das qualidades do coração não tem limites.
The Diary of Mahadev Desai (DM, p. 315)

Pode-se dizer que o intelecto desempenhou um papel secundário em minha vida. Vejo-me como uma pessoa desinteressante. É literalmente verdade, no meu caso, que Deus dá ao homem de fé a inteligência de que ele precisa. Sempre honrei e depositei minha fé nos anciãos e nos sábios. Mas minha fé mais profunda é na verdade, de modo que meu caminho, embora difícil de trilhar, pareceu fácil para mim.
The Diary of Mahadev Desai (DM, p. 318)

Na maioria dos casos, os discursos dedicados a mim contêm adjetivos que não consigo carregar. Seu uso não tem como fazer bem nem aos escritores nem a mim. Eles desnecessariamente me humilham, pois tenho que confessar que não os mereço. Quando são merecidos, seu uso é supérfluo. Eles não têm como aumentar a força das minhas qualidades. Eles podem, se eu não me cuidar, me subir à cabeça. De um modo geral, é melhor não dizer o bem que um homem faz. A imitação é a lisonja mais sincera.

Young India, 21 de maio de 1925 (MM, p. 8-9)

O objetivo sempre se afasta de nós. Quanto maior o progresso, maior o reconhecimento de nossa indignidade. A satisfação está no esforço, não na realização. O esforço total é a vitória total.

Young India, 9 de março de 1922 (SB, p. 19)

Não concebi como missão ser um cavaleiro errante vagando por toda parte para salvar as pessoas de situações difíceis. Minha humilde ocupação tem sido mostrar às pessoas como elas podem resolver suas próprias dificuldades.

Harijan, 28 de junho de 1942 (SB, p. 44)

Se pareço tomar parte na política é somente porque a política nos envolve hoje como uma cobra, da qual, uma vez enroscada, não se pode fugir, por mais que se tente. Desejo, portanto, lutar com a cobra.

Young India, 12 de maio de 1920 (SB, p. 45)

Meu trabalho de reforma social não era, de forma alguma, inferior ou subordinado ao trabalho político. O fato é que, quando vi que, de certa maneira, meu trabalho social seria impossível sem a ajuda do trabalho político, levei-o para o âmbito político, somente na medida em que este poderia ajudar aquele. Devo confessar, portanto, que o trabalho de reforma social ou autopurificação

dessa natureza é cem vezes mais importante para mim do que o que é chamado de trabalho puramente político.
Young India, 6 de agosto de 1931 (SB, p. 45)

Eu mesmo sou pai de quatro meninos que criei da melhor maneira que pude. Tenho sido um filho extremamente obediente aos meus pais e um aluno igualmente obediente aos meus professores. Sei o valor do dever filial. Mas considero o dever para com Deus superior a tudo isso.
Mahatma, II, discurso, outubro de 1920 (MT, II, p. 27-28)

Nego ser um visionário. Não aceito o título de santidade. Sou da terra, de terra. [...] Tenho tantas fraquezas quanto você. Mas vi o mundo. Vivi no mundo com os olhos abertos. Passei pelas mais duras provações que um homem pode passar. Passei por essa disciplina.
Speeches and Writings of Mahatma Gandhi, 1933 (MM, p. 16)

Nunca tive a coerência como fetiche. Sou um devoto da Verdade e devo dizer o que sinto e penso sobre determinado assunto num dado momento sem considerar o que posso ter dito antes. [...] À medida que minha visão fica mais clara, minhas opiniões devem se esclarecer com a prática diária. Onde alterei deliberadamente uma opinião, a mudança deveria ser óbvia. Só um olhar atento notaria uma evolução gradual e imperceptível.
Harijan, 28 de setembro de 1934 (MM, p. 41)

Não estou nem um pouco preocupado em parecer coerente. Em minha busca da Verdade, descartei muitas ideias e aprendi muitas coisas novas. Mesmo velho de idade, não tenho a sensação de que deixei de crescer interiormente ou que meu crescimento parará com o desaparecimento da carne. O que me interessa é minha disponibilidade para obedecer ao chamado da Verdade, meu Deus, em todos os momentos.
Harijan, 29 de abril de 1933 (MM, p. 41)

No momento em que escrevo, nunca penso no que disse antes. Meu objetivo não é ser coerente com minhas declarações anteriores sobre uma determinada questão, mas ser coerente com a Verdade, como ela se apresenta para mim num determinado momento. O resultado foi que cresci, de verdade em verdade, poupei minha memória de uma tensão indevida e, o que é mais importante, sempre que fui obrigado a comparar minha escrita, inclusive a de cinquenta anos atrás, com a mais recente, não descobri nenhuma incoerência entre as duas. Mas os amigos que observarem alguma incoerência farão bem em aceitar o significado de meus últimos escritos, a menos que eles prefiram o antigo. Mas antes de fazer a escolha, eles devem tentar ver se não há uma coerência subjacente e duradoura entre as duas aparentes incoerências.
Mahatma, V, 25 de setembro de 1939 (MT, V. p. 206)

Em oração, é melhor ter um coração sem palavras do que palavras sem coração.
Young India, 23 de janeiro de 1930 (MM, p. 31)

Por trás da minha não cooperação há sempre o profundo desejo de cooperar, seja qual for o pretexto, mesmo com o pior dos adversários. Para mim, um mortal bastante imperfeito, sempre carente da graça de Deus, ninguém está além da redenção.
Young India, 4 de junho de 1925 (MM, p. 69)

Minha não cooperação tem sua raiz não no ódio, mas no amor. Minha religião pessoal proíbe-me peremptoriamente de odiar alguém. Aprendi essa doutrina simples, mas grandiosa, aos doze anos de idade, num livro escolar. Essa convicção persistiu até agora e está crescendo diariamente em mim. É uma paixão ardente dentro de mim.
Young India, 6 de agosto de 1925 (MM, p. 70)

Capítulo 12 – Miscelânea

O que vale para indivíduos vale para as nações. Não se pode perdoar demais. Os fracos jamais podem perdoar. Perdão é atributo dos fortes.
Young India, 2 de abril de 1931 (MM, p. 79)

O sofrimento tem seus limites bem definidos. O sofrimento pode ser algo prudente ou imprudente, e quando o limite é alcançado, prolongá-lo não seria prudente, mas o auge da imprudência.
Young India, 12 de março de 1931 (MM, p. 66)

Nossa nação só será uma nação verdadeiramente espiritual quando tivermos mais verdade do que ouro, mais destemor do que pompa de poder e riqueza, mais caridade do que amor a nós mesmos. Se quisermos apenas limpar nossas casas, nossos palácios e templos dos atributos da riqueza e mostrar aí os atributos da moralidade, podemos declarar guerra a qualquer combinação de forças hostis, sem precisar carregar o peso de uma milícia pesada.
Mahatma, I, discurso, 22 de dezembro de 1916 (MT, I, p. 241-242)

Preferiria que a Índia deixasse de existir a que ela se tornasse livre em detrimento da verdade.
The Mind of Mahatma Gandhi (MM, p. 145)

Se eu não tivesse senso de humor, teria cometido suicídio há muito tempo.
Young India, 18 de agosto de 1921 (MM, p. 9)

Minha filosofia, se é que tenho alguma filosofia, exclui a possibilidade de dano a uma causa por parte de agentes externos. O dano vem merecidamente e somente quando a causa em si é ruim ou, sendo boa, seus defensores são mentirosos, covardes ou impuros.
Harijan, 25 de julho de 1936 (MM, p. 12)

De alguma forma, sou capaz de extrair o que há de mais nobre na humanidade, e é isso que me permite manter minha fé em Deus e na natureza humana.
Harijan, 15 de abril de 1939 (MM, p. 12)

Se eu fosse o que eu quero ser, não precisaria discutir com ninguém. Minha palavra seria logo compreendida. Na verdade, eu nem precisaria dizer nada. A mera vontade da minha parte seria suficiente para produzir o efeito desejado. Mas estou dolorosamente ciente das minhas limitações.
Harijan, 2 de março de 1932 (MM, p. 12)

Os racionalistas são seres admiráveis. O racionalismo é um monstro hediondo quando reivindica sua própria onipotência. Atribuir onipotência à razão é uma idolatria tão absurda quanto adorar ídolos de madeira e pedra acreditando que eles sejam Deus. Não defendo a supressão da razão, mas o devido reconhecimento daquilo que em nós santifica a razão.
Young India, 14 de outubro de 1926 (SB, p. 28-29)

Em cada ramo da reforma, é necessário estudo constante, para que o indivíduo tenha algum domínio sobre o assunto. A ignorância está na raiz dos fracassos, parciais ou completos, de todos os movimentos de reforma cujos méritos são admitidos, pois todo projeto disfarçado sob o nome de reforma não é necessariamente digno de ser chamado dessa maneira.
Harijan, 24 de abril de 1937 (SB, p. 29)

Ao lidar com entidades vivas, o método silogístico frio leva não somente a uma lógica equivocada, mas, às vezes, a uma lógica fatal. Pois se deixarmos passar um único fator, por menor que ele seja – e nunca teremos controle de todos os fatores que estão em jogo quando lidamos com seres humanos –, nossa conclusão provavelmente será errada. Portanto, nunca chegaremos à verdade

Capítulo 12 – Miscelânea

final, mas a algo próximo dela. E isso somente se formos extremamente cuidadosos em nossas relações.
Harijan, 14 de agosto de 1937 (SB, p. 45)

É um mau hábito dizer que os pensamentos de outro homem são maus e só os nossos são bons, e que aqueles que têm visões diferentes da nossa são inimigos do país.
Indian Home Rule, 1944 (SB, p. 193)

Devemos honrar nossos adversários pela mesma honestidade de propósitos e motivos patrióticos que reivindicamos para nós mesmos.
Young India, 4 de junho de 1925 (SB, p. 193)

É verdade que muitas vezes tenho sido decepcionado. Muitos me enganaram e muitos deixaram a desejar. Mas não me arrependo da minha associação com eles, pois sei não cooperar, assim como sei cooperar. A maneira mais prática e mais digna de seguir adiante no mundo é acreditar nas palavras das pessoas, quando não temos nenhuma razão concreta para o contrário.
Young India, 26 de dezembro de 1924 (SB, p. 193)

Se quisermos progredir, não devemos repetir a história, mas escrever uma nova história. Devemos somar à herança deixada por nossos antepassados. Se podemos fazer novas descobertas e invenções no mundo dos fenômenos, devemos declarar nossa falência no domínio espiritual? É impossível multiplicar as exceções para torná-las a regra? Deve o homem sempre ser primeiro brutal e depois homem, quando isso acontece?
Young India, 6 de maio de 1926 (SB, p. 182)

Em toda grande causa, não é o número de lutadores que conta. O fator decisivo é sua qualidade. Os maiores homens do mundo sempre lutaram sozinhos. Tome os grandes profetas, Zoroastro,

Buda, Jesus, Maomé, todos lutaram sozinhos, como muitos outros que posso nomear. Mas eles tinham uma fé viva em si mesmos e em seu Deus, e, acreditando que Deus estava a seu lado, eles nunca se sentiram solitários.
Young India, 10 de outubro de 1929 (SB, p. 209)

Tudo bem haver reuniões e organizações de grupo. Elas até que ajudam, mas muito pouco. Como um andaime que o arquiteto constrói, não passam de um expediente temporário e improvisado. O que realmente importa é ter uma fé inabalável.
Harijan, 28 de janeiro de 1939 (SB, p. 209)

Não importa o quão insignificante seja aquilo que você deve fazer: Faça-o da melhor maneira possível, dê-lhe o máximo de atenção, como você daria àquilo que considera mais importante, pois será por essas pequenas coisas que você será julgado.
Harijan, 27 de julho de 1935 (SB, p. 209)

Quanto ao hábito de olhar para o Ocidente em busca de luz, posso dar pouca orientação se toda a minha vida não tiver proporcionado qualquer luz. A luz costumava sair do Oriente. Se o reservatório oriental ficou vazio, naturalmente o Leste terá que pegar emprestado do Oeste. Será que a luz, sendo leve e não um miasma, pode realmente acabar? Na infância, aprendi que ela aumenta com a doação. De qualquer forma, agi com base nessa crença, e, portanto, minhas transações sempre foram com esse capital ancestral. Nunca deu errado. Mas isso não significa que devo me limitar. Não há nada que me impeça de tirar proveito da luz que vem do Ocidente. Só preciso tomar cuidado para não ser dominado pelo glamour do Ocidente. Não devo confundir glamour com luz de verdade.
Harijan, 13 de janeiro de 1940 (SB, p. 278)

Capítulo 12 – Miscelânea

Não concordo com a ideia de que tudo o que é antigo é bom. Também não acredito que algo seja bom porque é indiano.
Young India, 8 de janeiro de 1925 (SB, p. 275)

Não sou um adorador indiscriminado de tudo o que é denominado como "antigo". Não hesito em demolir tudo o que é mau ou imoral, não importa quão antigo possa ser, mas, com essa ressalva, devo confessar a você que sou um adorador de instituições antigas e me dói pensar que as pessoas, em sua ânsia por tudo o que é moderno, desprezam suas tradições antigas e as ignoram em suas vidas.
With Gandhi in Ceylon, publicado em 1928 (SB, p. 275-276)

A verdadeira moralidade consiste não em seguir o caminho trilhado, mas em descobrir o verdadeiro caminho em direção a nós mesmos e segui-lo sem medo.
Ethical Religion, 1930 (SB, p. 300)

Nenhuma ação que não seja voluntária pode ser chamada de moral. Enquanto agirmos como máquinas, não pode haver moralidade. Se quisermos chamar uma ação de moral, ela deve ser realizada conscientemente e por uma questão de dever. Qualquer ação ditada pelo medo ou por qualquer tipo de coerção deixa de ser moral.
Ethical Religion, 1930 (SB, p. 300)

O indivíduo ganha o direito de fazer as críticas mais ferozes quando convence o próximo de sua afeição por ele e de seu bom senso, e quando ele tem certeza de que não se abalará de forma alguma se seu julgamento não for aceito ou seguido. Em outras palavras, deve haver amor para se ter uma percepção clara e tolerância total para que o indivíduo possa criticar alguém.
Bapu's Letters to Mira (BM, p. 59)

A palavra "criminoso" deve ser um tabu em nosso dicionário. Ou somos todos criminosos. "Aquele que nunca pecou que atire a primeira pedra." E ninguém ousou atirar uma pedra na prostituta pecadora. Como um carcereiro disse certa vez, todos são criminosos ocultos. Há uma verdade profunda nesse ditado, pronunciado em tom de brincadeira. Portanto, que eles sejam bons companheiros. Sei que é mais fácil falar do que fazer. E é exatamente isso que o Gita e todas as religiões, aliás, nos ordenam a fazer.
Bapu's Letters to Mira (BM, p. 218)

O homem cria seu próprio destino, uma vez que ele tem livre-arbítrio para usar sua liberdade como quiser. Mas ele não controla os resultados.
Harijan, 23 de março de 1940 (MGP, I, p. 421)

A bondade deve estar ligada ao conhecimento. Só bondade não adianta muito. Devemos ter o discernimento que acompanha a coragem e o caráter espirituais. É preciso saber, numa situação crucial, quando falar e quando calar, quando agir e quando se abster. A ação e a inação nessas circunstâncias tornam-se idênticas, em vez de contraditórias.
Hindustan Standard, 8 de dezembro de 1946 (MGP, I, p. 421, 185)

Tudo o que foi criado por Deus, seja animado ou inanimado, tem seu lado bom e seu lado ruim. O homem sábio, como o pássaro da fábula, que, ao separar o creme de leite do soro, fica com o creme e descarta o soro, ficará com o lado bom de tudo, descartando o lado ruim.
Mahatma, II, carta, 1927 (MT, II, p. 384)

Foi há quarenta anos, quando passava por uma crise severa de ceticismo e dúvida, que me deparei com o livro de Tolstói, *O Reino de Deus está em vós*, e fiquei profundamente impressionado.

Capítulo 12 – Miscelânea

Naquela época, eu acreditava na violência. A leitura desse livro me curou do meu ceticismo e me fez acreditar firmemente no *ahimsa*. O que mais me atraiu na vida de Tolstói é que ele foi coerente com o seu discurso e nada lhe pareceu difícil demais em sua busca pela verdade. A simplicidade de sua vida é algo maravilhoso. Nascido e criado em meio ao luxo e ao conforto de uma rica família aristocrática, abençoado em abundância com todas as reservas da terra que o desejo pode cobiçar, esse homem, que conhecera plenamente todas as alegrias e prazeres da vida, deu as costas para tudo isso no auge de sua juventude e nunca mais olhou para trás. Ele foi o homem mais verdadeiro dessa época. Sua vida foi um esforço constante, uma luta inabalável para encontrar a verdade e praticá-la. Ele jamais tentou esconder ou suavizar a verdade, apresentando-a ao mundo em sua totalidade, sem equívocos ou concessões, sem se deter pelo medo de qualquer poder terreno.

    Ele foi o maior apóstolo da não violência que a era atual produziu. Ninguém no Ocidente, antes dele ou desde então, escreveu e falou sobre a não violência de modo tão completo ou insistente, e com tanta profundidade e discernimento, quanto ele. Eu iria ainda mais longe e diria que seu notável desenvolvimento dessa doutrina envergonha a interpretação estreita e parcial dos dias de hoje, apresentada pelos adeptos do *ahimsa* nesta nossa terra. Apesar da afirmação orgulhosa da Índia de ser a *karmabhumi*, a terra da realização, e apesar de algumas das maiores descobertas no campo do *ahimsa* que nossos antigos sábios fizeram, o que muitas vezes atende pelo nome de *ahimsa* entre nós hoje em dia é uma caricatura disso. O verdadeiro *ahimsa* deveria significar uma total libertação da má vontade, da raiva e do ódio e um amor transbordante por todos. Para inculcar esse tipo verdadeiro e superior de *ahimsa* entre nós, a vida de Tolstói, com seu amor oceânico, deve servir de farol, sendo uma fonte infalível de inspiração. Os críticos de Tolstói algumas vezes disseram que sua vida foi um fracasso colossal, que ele nunca encontrou seu ideal, a mística "varinha verde", em cuja busca sua vida inteira se baseou.

Não concordo com esses críticos. É verdade que ele mesmo disse isso. Mas isso só mostra sua grandeza. Pode ser que ele tenha fracassado totalmente em realizar seu ideal na vida, mas isso faz parte da condição humana. Ninguém pode atingir a perfeição enquanto está no corpo, pela simples razão de que o estado ideal é impossível enquanto não tivermos superado completamente nosso ego, e o ego não pode ser totalmente eliminado enquanto ainda estivermos presos a grilhões de carne. Tolstói gostava de dizer que, no momento em que o indivíduo acredita que alcançou seu ideal, seu progresso é interrompido e seu retrocesso começa, e que a própria virtude de um ideal consiste em que ele se afaste de nós quanto mais nos aproximamos. Dizer, portanto, que Tolstói admitiu que não conseguiu atingir seu ideal não diminui sua grandeza. Apenas mostra sua humildade.

Muito se tem procurado sobre as chamadas "incoerências" da vida de Tolstói, mas essas incoerências eram mais aparentes do que reais. O desenvolvimento constante é a lei da vida, e um homem que sempre tenta manter seus dogmas para parecer coerente acaba sendo conduzido a uma posição falsa. É por isso que Emerson disse que a coerência tola era o fantasma das mentes pequenas. As supostas "incoerências" de Tolstói foram um sinal de seu desenvolvimento e de sua paixão pela verdade. Muitas vezes ele parecia incoerente porque estava sempre superando suas próprias doutrinas. Seus fracassos eram públicos, suas lutas e triunfos, privados. O mundo só viu o primeiro; o último permaneceu invisível, provavelmente para o próprio Tolstói, acima de tudo. Seus críticos tentaram explorar suas faltas, mas nenhum crítico poderia ser mais exigente do que ele em relação a si mesmo. Sempre atento a suas deficiências, antes que seus críticos tivessem tempo de apontá-las, ele já as proclamava para o mundo, multiplicadas por mil, e impunha a si mesmo a penitência que lhe parecia necessária. Ele recebia bem qualquer crítica, mesmo quando elas eram exageradas, e, como todos os homens realmente grandes, temia o elogio do mundo. Ele era grande mesmo em seus fracassos, e suas falhas nos dão uma medida não da futilidade de seus ideais, mas de seu sucesso.

O terceiro grande ponto foi a doutrina do "trabalho por pão", ou seja, que todos estavam obrigados a trabalhar com o corpo por pão, e a maior parte da miséria do mundo se devia ao fato de que os homens não cumpriam seus deveres a esse respeito. Ele considerou todas as formas de acabar com a pobreza das massas pela filantropia dos ricos, enquanto eles mesmos evitavam o trabalho corporal e continuavam a viver no luxo e no conforto, na hipocrisia e na farsa, e chegou a dizer que se o homem saísse das costas dos pobres, grande parte da chamada "filantropia" seria desnecessária.

E, no caso dele, acreditar era agir. Assim, já na segunda metade de sua vida, aquele homem que passara todos os dias no agradável regaço do luxo passou a levar uma vida de trabalho duro e penoso. Ele começou a se dedicar à fabricação de botas e à agricultura, labutando oito horas por dia. Mas seu trabalho corporal não limitou seu poderoso intelecto. Pelo contrário, tornou-o ainda mais aguçado e resplandecente. E foi nesse período de sua vida que seu livro mais vigoroso, *O que é arte?*, que ele considerou sua obra-prima, foi escrito, nos intervalos da prática de sua vocação escolhida.

A literatura, cheia do vírus da autoindulgência e apresentada de formas atraentes, está inundando nosso país, vinda do Ocidente, nossos jovens precisam estar em guarda. O presente é para eles uma época de transição de ideais e provações; a única coisa necessária para o mundo, para sua juventude e particularmente para a juventude da Índia nessa crise é o autocontrole progressivo de Tolstói, pois somente isso pode levar à verdadeira liberdade para eles, para o país e para o mundo. Somos nós mesmos, com nossa inércia, apatia e abuso social, mais do que a Inglaterra ou qualquer outra pessoa, que bloqueamos nosso caminho para a liberdade. E se nos purificarmos de nossos defeitos e falhas, nenhum poder na terra poderá, nem mesmo por um momento,

nos privar do *swaraj*. [...] As três qualidades essenciais da vida de Tolstói mencionadas por mim são de extrema utilidade para os jovens nesta hora do julgamento do mundo.
Mahatma, II, mensagem no centenário de Tolstói, 1928
(MT, II, p. 418-420)

Tenho a plena convicção de que nenhuma instituição que se preze deixa de existir por falta de apoio. As instituições que deixaram de existir desapareceram porque não havia nada nelas que justificasse uma recomendação ao público, ou porque aqueles que a controlavam perderam a fé ou, o que talvez seja a mesma coisa, perderam a resistência. Por isso, exorto os administradores de tais instituições a não cederem por causa da depressão geral. É um tempo de teste para as instituições que se prezam.
Young India, 15 de outubro de 1925 (SB, p. 268-269)

Aprendi desde o início a não realizar trabalhos públicos com dinheiro emprestado. Podemos confiar na promessa das pessoas na maioria dos casos, exceto em questões de dinheiro. (SB, p. 269)

Não acredito que uma pessoa possa converter outra. Meu esforço nunca deve ser no sentido de minar a fé de outro, mas torná-lo um melhor seguidor de sua própria fé. Isso implica a crença na verdade de todas as religiões e respeito por elas. Implica, novamente, verdadeira humildade, um reconhecimento do fato de que, como a luz divina foi concedida a todas as religiões por meio de um meio imperfeito de carne, elas devem conter, em maior ou menor grau, a imperfeição do veículo.
Mahatma, II, janeiro de 1929 (MT, II, p. 450)

[Para X, que perguntou se era verdade que Gandhi havia permitido que uma cobra venenosa passasse por seu corpo, ele escreveu:]
É verdade e não é verdade. A cobra estava passando pelo meu corpo. Num caso como esse, o que eu ou qualquer outra

pessoa poderia fazer senão ficar imóvel? Não cabem elogios aqui. E quem sabe se a cobra era venenosa ou não? Tenho fortalecido, ao longo dos anos, a ideia de que a morte não é algo a se temer, de modo que me recupero logo do choque da morte, mesmo de pessoas próximas e queridas.
The Diary of Mahadev Desai (DM, p. 167-168)

Fomos ensinados a acreditar que o que é belo não precisa ser útil e o que é útil não pode ser belo. Eu quero mostrar que o que é útil também pode ser belo.
Mahatma, I, c. 1946 (MGP, I, p. 168)

As pessoas que afirmam buscar a "arte pela arte" não têm como fazer valer sua afirmação. Há um lugar para a arte na vida, fora a pergunta: O que é arte? Mas a arte só pode ser um meio para o fim que todos nós devemos alcançar. Se, no entanto, ela se torna um fim, escraviza e degrada a humanidade.
The Diary of Mahadev Desai (DM, p. 160)

Em tudo, existem dois aspectos: o exterior e o interior. A meu ver, isso é somente uma questão de ênfase. O exterior não tem significado algum, exceto na medida em que ajuda o interior. Toda verdadeira arte é, portanto, a expressão da alma. As formas exteriores têm valor apenas na medida em que são a expressão do espírito interior do homem. A arte dessa natureza tem um grande valor para mim. Mas sei que muitos se chamam de artistas, e são reconhecidos como tal, e, ainda assim, em suas obras, não há absolutamente nenhum vestígio do desejo de crescimento e do desassossego da alma.
Young India, 13 de novembro de 1924 (SB, p. 273)

Toda arte verdadeira deve ajudar a alma a realizar sua essência interna. No meu caso, acho que posso fazer isso totalmente sem formas externas na realização da minha alma. Meu quarto pode ter paredes vazias, e posso até dispensar o telhado, para poder contemplar os céus estrelados que se estendem na imensidão de infinita beleza. Que arte consciente do homem pode me proporcionar as paisagens panorâmicas que se abrem diante de mim quando olho para o céu acima, com todas as suas estrelas brilhantes? Isso, no entanto, não significa que me recuse a reconhecer o valor das obras de arte, geralmente reconhecidas como tal, mas apenas que, pessoalmente, sinto que elas são inadequadas em comparação com os eternos símbolos de beleza da natureza. Essas produções da arte do homem têm seu valor apenas na medida em que ajudam a alma no processo de autorrealização.

Young India, 13 de novembro de 1924 (SB, p. 273)

Eu amo música e todas as outras artes, mas não atribuo tanto valor a elas como geralmente atribuem. Não posso, por exemplo, reconhecer o valor de atividades que requerem conhecimento técnico para sua compreensão. [...] Olho para o céu cheio de estrelas, e a infinita beleza que ele proporciona a meus olhos, para mim, significa muito mais do que tudo o que a arte humana pode me dar. Isso não significa que eu ignore o valor de trabalhos geralmente chamados de artísticos, mas, pessoalmente, em comparação com a beleza infinita da natureza, sinto sua irrealidade intensamente. [...] A vida é maior do que qualquer arte. Vou ainda mais longe e afirmo que o homem cuja vida se aproxima da perfeição é o maior artista. Pois o que é a arte sem a solidez de uma vida nobre?

Among the Great, Dilip Kumar Roy, 1945 (MM, p. 39)

Criações verdadeiramente belas surgem quando nossa percepção é correta. Se esses momentos são raros na vida, eles também são raros na arte.

Young India, 13 de novembro de 1924 (SB, p. 274)

A verdadeira arte registra não somente a forma, mas também o que está por trás dela. Existe uma arte que mata e uma arte que dá vida. A verdadeira arte deve ser uma prova da felicidade, contentamento e pureza de seus autores.

Young India, 11 de agosto de 1921 (SB, p. 274)

De alguma forma, nos acostumamos à crença de que a arte é independente da pureza da vida privada. Posso dizer, com toda a experiência que tenho, que nada poderia ser mais falso. Ao me aproximar do final da minha vida terrena, posso dizer que a pureza da vida é a arte mais elevada e mais verdadeira. A arte de produzir boa música com uma voz trabalhada pode ser atingida por muitos, mas a arte de produzir essa música a partir da harmonia de uma vida pura é uma raridade.

Harijan, 19 de fevereiro de 1938 (SB, p. 274)

Sem arrogância e com a devida humildade, acho que posso dizer que minha mensagem e meus métodos são, de fato, essenciais para o mundo inteiro e sinto-me muito satisfeito em saber que eles têm recebido uma resposta maravilhosa nos corações de um número cada vez maior de homens e mulheres do Ocidente.

Young India, 11 de agosto de 1920 (MM, p. 135)

A maior honra que meus amigos podem me conceder é aplicar em suas próprias vidas o programa que defendo ou resistir ao máximo ao que digo se não acreditarem nele.

Young India, 12 de junho de 1924 (MM, p. 8)

Glossário

Advaita Não dualidade. Uma escola de filosofia associada ao filósofo indiano Sankaracharya (788-820), que acredita que existe apenas uma Verdade Absoluta; todo o resto é aparência.

Ahimsa Não violência, a prática consciente do amor.

Ashram (asrama) Mosteiro; lugar calmo onde pessoas com ideais comuns levam uma vida em comunidade e seguem uma disciplina específica. O lugar em que Gandhi residia com seus cooperadores e discípulos era conhecido como o *ashram*.

Ashrama (a srama) O idealismo hindu prescreve quatro estágios ou períodos de vida boa, chamados *ashramas*: o período de estudo e autodisciplina; da vida como chefe de família e homem do mundo; de contemplação e retirada gradual dos laços mundanos; de renúncia total.

Atma Alma, essência.

Avatar Encarnação divina.

Bania Membro da terceira casta entre os hindus, cuja ocupação tradicional é o comércio.

Bhagavat (Bhagavata) Livro sagrado dos hindus, que aborda também a vida e os ensinamentos do Senhor Krishna.

Brahmacharya (Brahma-carya) Celibato; vida de autodisciplina e continência dedicada a buscas mais elevadas.

Brahmin (Brahmana) Membro da primeira casta entre os hindus, cuja ocupação tradicional é o sacerdócio ou a devoção ao aprendizado.

Chapati Bolo de pão ázimo.

Charkha Roda de fiar.

Dharma Religião; lei ou prática moral; dever.

GLOSSÁRIO

Diwan Ministro-chefe de um Estado principesco.
Himsa Violência.
Kalma Designa a profissão de fé pela qual um muçulmano testemunha a unidade de Deus.
Khaddar Tecido feito à mão.
Mahatma Lit. Grande alma; título geralmente dado a santos. Nos últimos anos, Gandhi passou a ser chamado na Índia de "o Mahatma".
Manu Antigo preceptor e autor do Código de Leis, que levou seu nome.
Moksha Emancipação dos apegos terrestres; libertação do ciclo de encarnações.
Muni Vidente; sábio; particularmente, um santo jainista.
Nawab Dignitário ou governante muçulmano.
Purdah Véu usado por mulheres em alguns países orientais.
Rishi (Rsi) Sábio.
Sadavrata Doação de esmolas para os pobres.
Samskar (Samskara) Impressão indelével deixada por uma ação do passado.
Satyagraha Lit. Apegar-se à verdade. Nome dado por Gandhi à técnica de resistência não violenta praticada por ele e sob sua orientação.
Seva Samiti Sociedade de serviço social voluntário.
Shastra (Sastra) Escritura hindu.
Swadeshi Amor ao próprio país ou apoio à cultura indígena e nativa.
Swaraj Autogoverno.
Upanishad (Upanisad) Discursos antigos sobre filosofia, que geralmente são considerados como a fonte da metafísica hindu. Há mais de cem desses *Upanishads*, dos quais dez são considerados os principais.
Vakil Litigante; advogado.
Vedas (Veda) Os primeiros e mais sagrados escritos dos hindus.

Fontes

As abreviaturas utilizadas abaixo referem-se aos seguintes livros que foram consultados:

AMG
Autobiografia: minha vida e minhas experiências com a Verdade, de M. K. Gandhi. Publicado por Navajivan Publishing House, Ahmedabad, originalmente em dois volumes, vol. I em 1927 e vol. II em 1929; a edição utilizada foi publicada em agosto de 1948.

MGP
Mahatma Gandhi, The Last Phase, de Pyarelal. Publicado por Navajivan Publishing House, Ahmedabad, originalmente em dois volumes, vol. I em fevereiro de 1956 e vol. II em fevereiro de 1958.

MT
Mahatma, Life of Mohandas Karamchand Gandhi, de D. G. Tendulkar. Publicado por Vithalbhai K. Jhaveri & D. G. Tendulkar, Bombaim, em oito volumes, vol. I em agosto de 1951, vol. II em dezembro de 1951, vol. III em março de 1952, vol. IV em julho de 1952, vol. V em outubro de 1952, vol. VI em março de 1953, vol. VII em agosto de 1953, vol. VIII em janeiro de 1954.

BM
Bapu's Letters to Mira. Publicado por Navajivan Publishing House, Ahmedabad, agosto de 1949.

CWMG
The Collected Works of Mahatma Gandhi. Publicado por Publications Division, Ministry of Information and Broadcasting, Governo da Índia, Nova Delhi; o vol. I foi publicado em janeiro de 1958.

DM
The Diary of Mahadev Desai. Publicado por Navajivan Publishing House, Ahmedabad; o vol. I foi publicado em 1953.

HS
Hind Swaraj or Indian Home Rule, de M. K. Gandhi. Publicado por Navajivan Publishing House, Ahmedabad, originalmente em 1938; a edição utilizada foi publicada em 1946.

WSI
Women and Social Injustice, de M. K. Gandhi. Publicado por Navajivan Publishing House, Ahmedabad, originalmente em 1942; a edição utilizada foi publicada em 1954.

MM
The Mind of Mahatma Gandhi, compilado por R. K. Prabhu e U. R. Rao. Publicado por Oxford University Press, Londres, em março de 1945.

SB
Selections from Gandhi, por Nirmal Kumar Bose. Publicado por Navajivan Publishing House, Ahmedabad, em 1948.

As referências aos periódicos nos quais as passagens foram originalmente publicadas serão encontradas nos livros acima. Ver o texto para a fonte e a data de cada citação, quando conhecidas.

Breve cronologia dos acontecimentos na vida de Gandhi

1869
2 de outubro
Nasce Mohandas Karamchand Gandhi.

1883
Casa-se com Kasturbai.

1888
4 de setembro
Viaja para a Inglaterra para estudar Direito.

1891
setembro
Chamado para a ordem dos advogados, volta para a Índia.

1892
Exerce Direito em Rajkot e Bombaim, sem muito sucesso.

1893
abril
Parte para a África do Sul pela primeira vez; atua como consultor jurídico.
maio-junho
Sofre discriminação racial e decide lutar contra o preconceito racial na África do Sul.

1896
Volta para a Índia para obter apoio para os indianos na África do Sul.

30 de novembro
Volta para a África do Sul com esposa e filhos.

1897
Elabora petições, escreve cartas, reivindica o fim das leis discriminatórias junto às autoridades britânicas.

1899
Forma o Serviço de Emergências Indiano durante a Guerra dos Bôeres.

1901
outubro
Volta para a Índia.

1902
Exerce o Direito, busca apoio indiano para os indianos na África do Sul.
novembro
Volta para a África do Sul para lutar contra a legislação antiasiática no Transvaal.

1903
Alista-se como advogado do Supremo Tribunal Federal do Transvaal.

1905
Opõe-se à partição de Bengala, solicita aos oficiais das colônias britânicas que tratem a Índia como "parte integral do Império".

1906
Anuncia a criação de um governo nacional indiano. Declara desinteresse por bens materiais; faz votos eternos de celibato.
setembro
Organiza a oposição indiana às leis asiáticas no Transvaal; discursa para uma multidão de indianos em Joanesburgo, que faz um juramento de resistência passiva.

1907
janeiro
Escreve *Ethical Religion*.

março
Novas reuniões de protesto dos indianos contra o Asiatic Registration Act, aprovado no Transvaal.

Elabora petições, discursa para as massas, conduz resistência passiva, faz greve e visita Smuts em Pretória para fazer oposição ao Registration Act.

1908
janeiro
Gandhi adota a palavra "satyagraha" no lugar de "resistência passiva" para descrever sua não violência.

É sentenciado a dois meses de prisão por não ter saído do Transvaal.

Gandhi concorda com o registro voluntário se o Registration Act for revogado e é agredido fisicamente por aqueles que acreditavam que ele estava traindo a causa indiana.

1909
Continua a campanha *satyagraha* contra o Registration Act no Transvaal. Visita a Inglaterra, procura influenciar a opinião britânica.

novembro
Escreve *Hind Swaraj* ou *Indian Home Rule*.

1913
Os casamentos indianos na África do Sul são invalidados pelo Supremo Tribunal Federal. Gandhi adia os planos de voltar para a Índia.

maio
    Gandhi promete campanha *satyagraha* se o governo sul-africano não revogar a lei matrimonial.

setembro
    A campanha começa, a esposa de Gandhi é presa.

outubro
    Gandhi organiza uma greve de mineiros e conduz uma passeata no Transvaal.

1914

janeiro
    Suspende a campanha *satyagraha* após acordo com Smuts.

    Volta para a Índia.

20 de maio
    Funda o Satyagraha Ashram em Ahmedabad, na Índia.

1917
    Luta, com sucesso, contra a emigração de servos por contrato indianos.

1918

janeiro
    Assume a causa dos trabalhadores têxteis em Ahmedabad; dá início ao *satyagraha* em Bombaim.

1919

abril
    Inaugura o movimento *satyagraha* indiano.

11 de abril
    É preso em Delhi, escoltado de volta a Bombaim. Há casos de violência em diversas cidades.

13 de abril
Tropas disparam contra uma multidão desarmada, matando mais de quatrocentas de pessoas. Gandhi declara três dias de jejum penitencial e suspende o *satyagraha*.

outubro
Assume a edição do *Young India*.

novembro
Preside a Conferência Khilafat indiana, em Delhi.

1920

setembro
O Congresso Nacional Indiano, em Calcutá, aceita seu programa de não cooperação para reparar os erros de Punjab e Khilafat.

1921

abril
Conduz uma campanha de boicote generalizado aos tecidos estrangeiros.

1922

fevereiro
Comunica ao vice-rei sua intenção de lançar a campanha *satyagraha* em Bardoli (Gujarat).

10 de março
É preso por rebelião e sentenciado a seis anos de prisão no dia 18 de março.

1924

5 de fevereiro
É solto da prisão.

setembro
Jejua 21 dias pela união entre hindus e muçulmanos.

1925

novembro
Começa a escrever a versão final de sua autobiografia.

1928

dezembro
A mobilização de Gandhi em prol do status de domínio independente não obtém sucesso até o final de 1929.

1929

dezembro
O Congresso de Lahore declara independência total, por insistência de Gandhi.

1930

fevereiro
Lança o movimento de desobediência civil.

6 de abril
Desobedece, propositadamente, as leis de tributação do sal.

maio
Gandhi é detido e preso. A desobediência civil toma conta da Índia.

1931

março
Gandhi e Irwin (vice-rei da Índia) chegam a um acordo.

agosto
Viaja para a Inglaterra para participar da II Conferência da Mesa Redonda.

1932

janeiro
É preso por seis dias após voltar da Inglaterra.

20 de setembro
Começa um jejum até a morte na prisão, visando a conseguir a abolição de eleitorados separados para os *harijans*.
26 de setembro
Quebra o jejum quando sua exigência é aceita.

1933
11 de fevereiro
Funda o jornal semanal *Harijan*.
8 de maio
Dá início a 21 dias de jejum para autopurificação e suspende a campanha *satyagraha*.
julho
Informa ao governo de Bombaim de sua decisão de retomar o movimento de desobediência civil. É preso em seguida.
agosto
Começa a jejuar quando lhe negam instalações para realizar propaganda anti-intocabilidade.
novembro
Inicia o movimento de elevação *harijan*.

1934
setembro
Anuncia seu afastamento da política para se engajar no desenvolvimento de indústrias locais, serviço *harijan* e educação em ofícios manuais básicos.
outubro
Inaugura a All-India Village Industries Association.

1937
outubro
Preside a Conferência Educacional, defendendo a educação por meio do trabalho artesanal.

1939

março
Começa um jejum até a morte para obter o cumprimento da promessa de reforma governamental.

1940

outubro
Sanciona a desobediência civil individual em tempos de guerra. Suspende o lançamento do *Harijan* e outras publicações vinculadas.

1941

dezembro
Pede para ser dispensado da liderança no Congresso pelo Comitê de Trabalho.

1942

maio
Solicita ao governo britânico que deixe a Índia; é preso em agosto.

1943

fevereiro
Jejua por 21 dias.

1944

fevereiro
Kasturbai Gandhi morre.

maio
Gandhi é libertado da prisão incondicionalmente.

setembro
Conversas entre Gandhi e Jinnah sobre o Paquistão.

1945
abril
Gandhi defende a igualdade e a liberdade da Índia como uma condição para paz; também pede paz para a Alemanha e o Japão.

1946
janeiro
Viaja pelo sul da Índia, discursando contra a intocabilidade e a propaganda hindustani.

fevereiro
O *Harijan* e publicações vinculadas são retomadas.

junho
O Comitê de Trabalho do Congresso decide aceitar o esquema de governo interino.

agosto
O vice-rei da Índia anuncia o convite ao Congresso para formar governo interino.
Gandhi se opõe à divisão da Índia.
Grande Massacre de Calcutá

setembro
O Congresso forma governo interino.

outubro
Massacre de Noakhali.

1947
janeiro
Mountbatten, novo vice-rei, chega a Delhi.

abril
Gandhi e Jinnah fazem um apelo conjunto para a paz.

maio
O Comitê de Trabalho do Congresso aceita a partição em princípio, contra a oposição de Gandhi.

junho
　Líderes indianos aceitam o plano de partição de Mountbatten; Gandhi se opõe.
julho
　O projeto de lei da independência da Índia é aprovado.
14 de agosto
　Gandhi comemora o dia 15 de agosto como o dia da alegria pela independência da Índia, mas lamenta o nascimento do Paquistão.
setembro
　Rebeliões em Caxemira.
dezembro
　A disputa de Caxemira chega às Nações Unidas.

1948
janeiro
　Gandhi jejua pela paz coletiva em Delhi, de 12 a 18 de janeiro.
30 de janeiro
　Gandhi é assassinado a caminho da reza noturna.

lepmeditores

www.lpm.com.br
o site que conta tudo

IMPRESSÃO:

PALLOTTI
GRÁFICA

Santa Maria - RS | Fone: (55) 3220.4500
www.graficapallotti.com.br